国家人工智能和农业机器人创新中心 全国农业机器人产业科技创新联合体

联合发布

设施农业智能化丛书

SHE SHI NONG YE ZHI NENG HUA CONG SHU

农业机器人
技术与产业前瞻

金玉成 刘继展 魏 娟

著

江苏大学出版社

JIANGSU UNIVERSITY PRESS

镇 江

图书在版编目(CIP)数据

农业机器人技术与产业前瞻／金玉成，刘继展，魏娟著. -- 镇江：江苏大学出版社，2024. 8. --（设施农业智能化丛书／刘继展主编）. ISBN 978-7-5684-2187-4

Ⅰ. F426.67

中国国家版本馆 CIP 数据核字第 2024WZ1604 号

农业机器人技术与产业前瞻

Nongye Jiqiren Jishu Yu Chanye Qianzhan

著　　者/	金玉成　刘继展　魏　娟
责任编辑/	李经晶　吴春娥
出版发行/	江苏大学出版社
地　　址/	江苏省镇江市京口区学府路 301 号（邮编：212013）
电　　话/	0511-84446464（传真）
网　　址/	http://press.ujs.edu.cn
排　　版/	镇江市江东印刷有限责任公司
印　　刷/	镇江文苑制版印刷有限责任公司
开　　本/	710 mm×1 000 mm　1/16
印　　张/	13.75
字　　数/	233 千字
版　　次/	2024 年 8 月第 1 版
印　　次/	2024 年 8 月第 1 次印刷
书　　号/	ISBN 978-7-5684-2187-4
定　　价/	78.00 元

如有印装质量问题请与本社营销部联系（电话：0511-84440882）

设施农业智能化丛书

主编

刘继展

副主编

毛罕平　由天艳

丛书编委会

（以姓氏笔画为序）

卜　权　毛罕平　左志宇　由天艳
刘　东　刘继展　李青林　张晓东
金玉成　胡建平　姜　勇　倪纪恒
韩绿化

前　言

今天，"机器人"已成为耳熟能详的名词。在大众的认知里，机器人是高科技的最直观表征，也是各类展会、科普活动、科技竞赛中吸引最多公众聚集和围观的焦点。

农业机器人，尽管在农业工程领域已成为代表性的热门技术，并经过数十年的发展而不断进步和壮大，但和工业机器人、炒菜机器人、跳舞机器人等相比，进入公众视野的机会仍然较少，人们对其了解的程度仍然偏低。事实上，科学家为农业机器人的未来描绘了一幅美好的画卷：一台台机器人将一株株幼苗精心地栽入土壤，在农田里捉虫打药，把一颗颗果实从树上采下装入果筐……，从播下一粒种子到收获满仓硕果，尽在一台台机器人的潇洒移步之间实现。

画卷终将跃出高校实验室、各地示范园区的大屏幕，铺展于我们的田间。但是美好的未来从来不易写就，面对鲜活的动植物和解放人类于繁杂的田间劳作的期盼，农业机器人的技术挑战性不言而喻。幸运的是，今天农业机器人已然走过婴儿的蹒跚学步和少年的青涩懵懂，终于可以豪情万丈地出发，仗剑走天涯。认识农业机器人，畅想农业机器人的未来，进而寻求关键突破，探找其发展之道，亦是撰写本书的初衷。

同时，有幸在国家、前辈、同仁的大力支持下，得以承建国家数字农业装备（人工智能和农业机器人）创新分中心和全国农业机器人产业科技创新联合体，此《农业机器人技术与产业前瞻》亦作为承载之重任与使命，在近二十年研发和行业共进的基础上，对技术-产业的融合发展路径与关键进行梳理和展示，供主管部门、行业与科技同仁参考，供公众阅识，亦希望此书有助于打开农业机器人之于机器人大行业的共融发展大门。

本书是对农业机器人技术–产业融合梳理的新的尝试，由于时间所限，难免有所疏漏，著者乐于接受批评并再接再励。同时，感谢赵春江、陈学庚院士、罗锡文院士等前辈的支持和指导，感谢农业农村部市场与信息化司、农业农村部大数据发展中心和江苏省农业农村厅市场与信息化处、农机装备处、江苏省互联网农业发展中心给予的工作指导。感谢江苏大学为农业机器人发展提供的强大支持，感谢团队所有老师和研究生的努力和付出，特别是江应星、解彬彬、高文杰、李武浩、王杰等为本书的资料整理所做的工作！

　　乐观于农业机器人产业化的重大跨越即将到来，机器人农业的田间美画即将呈现，欣幸成为农业机器人发展的参与者和见证者，再奋斗！

金玉成　刘建阳

2023.12 于江苏大学

目 录

1

智慧农业与农业机器人

1.1　智慧农业的内涵

今天，在全球，在中国，智慧农业已成滚滚大潮。从陌生、新奇到遍布农业生产的各个场景，从平台的从无到有到成为农业生产的基本手段，智慧农业正在深刻改变农业生产的整体面貌。

什么是智慧农业？国内外相关机构、专家和农业一线人员有不同的定义和理解。根据赵春江院士等专家的观点结合著者的理解，智慧农业可以概括为面向农业的三大现实问题，综合利用三大技术手段，通过三大重要转变实现三大生产目标。

（1）面向三大现实问题

智慧农业面向并致力于解决农业"人工化作业、粗放式管理、被动性防控"三大现实问题。

传统农业已经从完全依赖人工劳动过渡到依赖人工操作农机装备，但人工投入过多、劳动强度偏大的问题仍然突出；农业生产仍主要依赖人工经验的粗放式生产管理，导致水、肥、药等过量投入，生产潜力远未释放，如我国设施番茄、黄瓜的单产水平与发达国家相比还有两到三倍的差距；传统农业生产靠天吃饭，对风雨雪雹、倒春寒、病虫害等灾害的防御能力过差，大量投入和辛勤耕耘却极易减产甚至绝收。2023 年 4 月，山西省突遇暴雪天，气温在短短几天内急剧下降了近 30 ℃，当地的农业生产遭受了巨大损失，有近 200 万亩果园和近 300 万亩小麦遭受无妄之灾（图 1.1a）；2023 年 5 月，河南多地小麦遭"烂场雨"，导致大量早熟小麦发芽、腐烂而大量减产，形成了轰动的社会事件（图 1.1b）。

智慧农业技术和模式应对农业生产起到怎样的支撑作用？智慧是手段，而不是目的。归根结底，智慧的手段要为保障和提升农业生产服务。其首先必须直面上述三大现实问题，确立智慧农业建设发展的核心目标，提出并落地针对性的解决方案。

(a) 山西省晚春暴雪   (b) 河南省小麦遭受"烂场雨"

图 1.1　重大自然灾害

(2) 综合利用三大技术手段

智慧农业综合利用三大技术手段——物联网（IoT）、农业机器人（Agribot）、人工智能（AI）技术。它们分别作为数据媒介、作业终端和赋能方法深度融合，构成智慧农业的 IAA（IoT-Agribot、AI）技术核心（图1.2）。

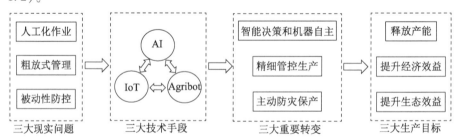

图 1.2　智慧农业的内涵

与过去的精准农业、物联网农业和今天的 AI 农业等相比，智慧农业是多项技术高度综合的成套解决方案（图1.3），其突出农业生产管理全程的数据和信息传递闭环，基于传感器的物联网络实现对作物、农业环境、装备等的监测，再通过模型和人工智能算法对监测大数据进行分析形成判断和决策，进而驱动机器人化农机或智能装备实现自主管控与作业。同时，自主管控与作业又进一步基于物联网络的信息收集和分析形成全链的生产制度管理、溯源与效益评估。

(a) 掌上智慧农业

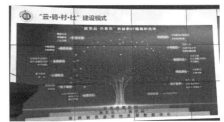
(b) 云码村社一体智慧农业平台(吉林省)

(c) 粮食生产智慧管控(山西省)

(d) 温室作物生产智慧管控(山西省)

图1.3　智慧农业的兴起

（3）完成三大重要转变实现三大生产目标

智慧农业技术在数字革命推动下全面提升了农业生产的智能化水平，完成了农业生产方式的三大重要转变，实现了三大生产目标。

在智慧农业的闭环场景里，对人的依赖大大减少，精准自主的农业生产运行推动农业从"过度依赖人工经验判断和作业"向"智能决策和机器自主"转变、从"传统粗放管理和作业"向"精细管控生产"转变、从"被动看天吃饭"向"主动防灾保产"转变，实现了农业生产方式的重大变革，为现代农业发展提供了重要支撑，充分释放了农业作物产能并提高了经济、生态效益。　·

智慧农业基于大数据的闭环流动，实现了全面的数字-智能融合、信息-智能融合，成为无人农场、无人植物工厂、无人牧场、无人渔场的基本内核，打造农业新未来。这一未来并不遥远，正在以令人惊奇的速度发展并不断加速，正在部分地域、部分领域快速成为现实。

1.2　智慧农业大潮

1.2.1　全球智慧农业的兴起

20 世纪 70 年代末，以美国为代表的欧美国家率先开始了农业信息化的研究应用，智慧农业开始兴起。进入 21 世纪，智慧农业技术的应用对农业生产能力与生产效率的提升作用凸显，发达国家农业生产智慧化已进入规模应用期。得益于全球在大数据、信息技术、视觉技术、导航技术等领域的突破，农业传感器与物联网、农业人工智能、农业机器人技术迅猛发展，全球已进入智慧农业生产时代。

欧洲、美洲、日韩的农业具有不同特点，其智慧农业发展也存在差异。以美国为代表，总体上发达国家的智慧农业发展经历了以下三个阶段。

（1）第一阶段：农业生产知识模型化阶段

从 20 世纪 70 年代末开始，以作物发育模型、农业生产知识模型、专家系统等的广泛开发应用为核心特征，农业生产从依赖人工经验走向依靠科学知识的表达与支持，农业生产知识模型在一定程度上代替了农业专家，对提高作物产量、改善作物品质、提高农业管理的智能化决策水平具有重要意义。美国已经发展成型的农业生产知识模型数量非常之多，基本已经覆盖从宏观的农业经济发展趋势到微观的光合作用过程等所有的农业问题。例如，CERES 模型不仅可以模拟随着农作物的生长而变化的土壤中的养分状况，而且可以模拟农作物具体的发芽日期等细节性的生产过程。棉花生产关系系统 COSSYM-COMAX 已经成为世界上应用最广泛、效果最显著的生产决策支持系统。

（2）第二阶段：农业信息感知决策阶段

进入 20 世纪 90 年代，遥感、视觉、光谱等技术在农业中大量应用，农业传感器技术获得空前发展，随着基于土壤、长势、病虫害等信息的自动、精准作业与管控技术的不断普及，农业生产全面进入现代化、高效化甚至工业化。美国 Stevens 公司的土壤传感器、荷兰 Priva 公司的温室控制组件与系统等在农业精准管控领域成为全球供应商。

（3）第三阶段：农业生产 AI 化阶段

进入 21 世纪，在发达国家强大的农业传感器、智能农机、智能农业管控装备和控制软硬件产业体系支撑下，其智慧农业领域模型、方法、装备的原创性、首创性和强大的数据、芯片、运营优势日益突出，大农场的生产管理、作业、仓储、交易等全面实现物联网和智慧化，并迅速向 AI 农业、机器人农业进发，农业资源的利用率、农业生产的潜力和效率获得充分激发，其农产品的国际竞争优势不断扩大。美国 Blue River 公司的生菜机器人安装有多达 20 个高速处理器，并引入深度学习技术，可以准确高效地实现植物识别，每分钟完成 5000 株植物的施肥、施药、除草作业；西班牙 Agro-bot 公司开发的草莓采收机器人可判断草莓成熟度，其配置有多达 24 条机械臂，期望实现数十倍于人工效率的高速采收作业。

1.2.2　我国智慧农业的发展

我国智慧农业起步于 20 世纪 80 年代，但"智慧农业"的概念最早于 2014 年提出，受限于农业和技术发展水平，我国智慧农业经历了较长的概念导入期和产业链逐步形成阶段，并显著呈现信息化发展较快而智能化水平滞后的局面。与主要发达国家广泛实现了农业的智慧化管理作业相比，我国智慧农业的发展仍处于初级阶段，目前我国智慧农业渗透率不到 1%，水肥光热资源利用效率存在相当大的差距。

我国智慧农业的发展也可以概括为三个阶段。

（1）第一阶段：信息化管理服务阶段

从 20 世纪 80 年代起，以农业农村的信息化统计调查、分析预测、指挥调度、电子政务等为主体内容，有效推进了农业农村的信息化建设和管理水平。1981 年，我国建立了第一个计算机农业应用研究机构——中国农业科学院计算中心，开始以科学计算、数学规划模型和统计方法应用为主进行农业科学研究与应用研究。1996 年，中国农业信息网建成开通，并为省、地农业部门和 600 多个农业基点调查县配备了计算机，实现了农业统计调查数据的计算机处理；通过"遥感、地理信息系统、全球定位系统技术的综合应用研究"项目，可以在大（全球和全国）、中、小尺度上，高精度和短周期地获取和处理农业信息，可以对全国范围的小麦、玉米、大豆、水稻四种作物进行实用的遥感估产，精确度达到 90% 以上。

（2）第二阶段：精准化生产流通阶段

进入 21 世纪后，基于遥感、物联网、互联网、大数据、云计算的支撑，通过气候、墒情肥力、病虫害等的监测和精准施肥、施药、灌溉技术与装备水平的有效提升，提高了农业生产的精准化水平，并通过"互联网+"实现了从农业生产到商品化流通的产业链高效运行。这个阶段，农业传感器和农业物联网网关、控制器等从完全依赖进口发展到不断完成国产化，温室作物、环境、水肥自动监测与智能管控技术迅猛发展并逐渐普及，基于遥感和地面物联网的全国性作物病虫害监测网络逐步建成，农业电商发展迅猛并与农业产品质量全程溯源和农业精准管控加速融合。

（3）第三阶段：智慧农业阶段

十八大以来，在农业信息化、精准化持续发展的推动下，以 IBM 提出"智慧地球"概念掀起的全球智慧化大潮为契机，我国融精准农业、数字农业、"互联网+"农业等内容于一体，数字、信息、智能高度融合，以农业农村的农资、生产、消费、商业、金融、保险、休闲等全面覆盖为特征的智慧农业在我国快速铺开，并不断加速迭代升级。2017 年"智慧农业"首次被写入"中央一号"文件，这意味着智慧农业建设将进一步提速。2020 年党的十九届五中全会、2021 年中央一号文件进一步明确了建设智慧农业作为"十四五"时期以及面向 2035 年提高农业质量效益与竞争力重要内容的政策举措。京东、阿里、网易等互联网企业以及新希望、大北农等农业龙头企业纷纷投入智慧农业生产商业板块布局（图 1.4），华为、大疆等倾力投入智慧农业系统，无人驾驶、农业无人机技术快速商业化，无人化农场建设在全国各地迅速形成热潮，农业机器人已进入技术成熟化和产业化发展时期。

(a) 阿里智慧果园

(b) 京东植物工厂

图 1.4　商业巨头的入局

1.2.3　我国智慧农业的发展新阶段

1.2.3.1　我国智慧农业发展阶段性的整体判断

2014 年至今，我国智慧农业经历了一个快速但粗放发展的初级阶段，其典型特征表现在以下几个方面：

① 在技术上，仍以传统的多源异质数据的获取、传输、信息提取和融合判断为主，人工智能技术尚未在智慧农业的感知、决策中发挥核心作用；农业机器人技术仍受困于复杂的环境干扰，竭力于从实现手眼协同走向连续执行、从静态走向动态、从实验室走向田间，其过差的适应性和过低的成功率、作业效率距离生产实际需求仍有一段距离。

② 在建设上，以物联网与大屏式管控平台硬件投入所支撑的示范工程建设为主（图 1.5），解决了智慧农业软硬件系统从无到有的问题，但仍停留在"好看不好用"的粗放、初级发展阶段，有硬件、有数据而缺模型、缺数据分析、缺生产内容，数据真实性、准确性及其价值存疑，建设投入很多，但对农业生产的支撑作用严重不足。

③ 在政策上，以有没有建物联网、管控平台作为智慧农业推进工作考核、挂牌授牌的依据；资金扶持重点投向物联网、管控平台的硬件建设项目，对智慧系统等软件项目的运行成效、智慧农业生产的作用缺少评估和政策引导。

图 1.5　智慧农业硬件建设

新生事物的发展需经过一定的初级阶段发展是客观规律，这一阶段的投入建设和示范引领对加速政府、农业经营者、社会大众对智慧农业的认知，带动政府加大对智慧农业的投入，培育形成智慧农业的硬件系统、软件开发、内容设计等新产业起到了积极启蒙的作用。今天，智慧农业已迎来从"量变"到"质变"、从"单一"到"综合"、从"好看"到"好用"、从"粗放"到"常态化高质量发展"的转变，来到一个全新阶段，其典型特征表现在以下几个方面：

① 在技术上，人工智能和大模型的超快发展加速为智慧农业赋能，正在全面改变农业环境与作物感知、智慧决策的面貌；农业机器人技术加速成熟，正在从追求"功能实现"全面走向"提升性能"，物联网、农业机器人、人工智能的加速融合正在打破技术鸿沟，形成数据闭环。

② 在生产应用上，各地陆续展开从"一地一企"建立单一的物联网、管控平台，到一平台全面打通生产信息监控、生产流程管理、农机调度、农资供应、农产品溯源、农产品电商、政府报表等功能，再到"省—市—县—乡—村—社"多级同平台建设，我国智慧农业正在向农业运营规律化和"三个转变"目标迈进，未来智慧农业的美好愿景正在逐步变为现实。

③ 在产业上，智慧农业产业链加速发展，农业传感、物联、导航产业迅速兴起，智慧农业成套方案提供商不断成熟和扩大，各 IT 巨头相继开展农业云存储与云计算服务，智慧农机与智慧管控系统从样机形成产品并全方位走入生产，一批以员工高学历、年轻化、专业化为特点的农业信息公司和智慧农业生产经营企业势必将引领传统农业走向智慧化的潮流。

1.2.3.2　加速智慧农业发展的政策建议

（1）落地的目标和评价

无论是智慧化，还是无人化、机器人化，都是手段，而不是目的。归根结底，这些手段要为保障和提升农业生产服务。从初级阶段进入常态化高质量发展阶段，须把智慧农业运行的实际效益作为评价的核心构成，扶持真正投入智慧农业的主体，杜绝"劣币驱逐良币"的现象，引导智慧农业走上第二阶段的健康、高速发展正轨。

（2）加速农业模型技术突破

在软硬件能够快速部署的前提下，模型成为智慧农业应用落地的关键。这个模型包括作物-环境互作模型，没有它就没有控制机理；包括数据融合模型，没有它各类传感器上传的异质异构的大量数据就相互割裂，无法落地为充分感知和决策；还包括不同尺度各类可见光、光谱等图像的深度学习模型，今天它已成为农业人工智能的基本手段。但是，模型恰恰是我国智慧农业的短板。在国外，瓦戈宁根大学、佛罗里达大学等科研机构连续数十年进行模型优化迭代，且他们所面对的大规模生产的场景条件相对一致。在我国，从体制上，缺乏专注模型、持续迭代的政策激励机制和研发体系；从技术上，模型的产投比低、泛化能力极弱，且依赖国外的底层模型结构。在农业模型方面，我国业内处于"问题讲得多，一直没突破"的尴尬局面。在当前国情下，著者认为政府组织体制保障是关键，必须形成连续长期支持、分阶段考核和推广的攻关专项体系，实现农业模型技术突破，真正使我国的智慧农业不只有躯壳，更有聪明的大脑。

（3）促进智能农机研发与推广

智能农机是智慧农业的执行手段，所有智慧感知、分析都需交于农机去呵护植株、颗粒归仓。今天，大田粮油生产已基本实现机械化，但对倒春寒、暴雨雪、虫害等的抗御能力弱的问题仍然突出，尽管智慧农业的早期预警和无缝农机调度（服务）将大大提升抗灾能力，但目前平台端、农机端均与实际使用尚有距离。除此之外，非粮作物生产还存在很大的农机空白，极度依赖人工，但恰恰非粮作物农机的研发难度远大于传统农机。为打通农机化与智慧化，著者认为应在农机化研发与推广等项目的经费预算制定和工作考核中增加数据互联等智慧化指标，在智慧农业项目中增加农机通信驱动、智能农机新品量等指标，进一步制定相关农机-智慧一体化产品标准、实施标准。

（4）粮食作物和非粮作物分类发展

14 亿人的吃饭问题永远是我们的核心问题，大田粮食生产永远是我国农业的重点。粮食产量提升的最大潜力来自良种，虽然智慧农业对粮食产量的直接提升作用有"天花板"，但是其可在抵御灾害、减少撂荒等方面发挥重大作用。今后最大的食物增产、解放劳动力的潜力来自非粮作物，智慧农业最大的效能潜力也来自非粮作物。例如，我国设施番茄、黄瓜的单产水平与发达国家相比还有两到三倍的差距，温室和茶果园生产的单位面积劳动力占用是大田粮食生产的约 8 倍。可见，智慧农业的目标不同，方案更不同。因此，形成智慧农业的分类发展模式和指导意见，有助于加速智慧农业的应用落地和实效发挥。粮作物、非粮作物并举和分类发展，契合了智慧农业的发展规律，将大大助推智慧农业的加速应用落地。

（5）打破科研桎梏

农业机器人、农业人工智能系统已成为农业生产的刚性需求，虽然现今我国该领域科研很活跃，但只有让农业机器人、农业人工智能产品在农业生产应用中持续迭代，才能完成科研应用的落地。而现有科研体系与机制明显存在桎梏，特别是农业机器人、农业人工智能系统的数字化、智能化产品特性与现有农机科研、推广体系难以匹配。建议充分依托已布局的国家数字农业中心、分中心，形成稳定大团队、机信艺协同、持续迭代升级的智慧农业研发-制造-推广一体化体系，实现智慧农业质的跨越。

1.2.3.3　加速智慧农业发展的宏观工作建议

（1）大力加强农业网络基础设施建设，形成基本农田与园艺生产全覆盖的全国智慧农业供能-信号网络

以政府为主导，融合市场机制，统筹建设全国智慧农业供能-信号网络，实现全国基本农田与园艺生产的农业电网、无线通信网、北斗差分基准站网的"三网"全覆盖；加快"中国星链"建设，逐步实现数字农业装备的低成本、稳信号、高带宽卫星互联，从而全面支撑智慧农业的大规模应用。

（2）统筹全国农业生产监测与存储运算能力，形成基本农田与园艺生产全覆盖的全国农业生产大数据网络和数据公共产品供应

统筹迭代现有零散、孤立的农业生产物联监测终端、节点，打通不同

类型物联网设备的数据采集端口，形成开放、灵活的用户接入机制和统一标准的入口，构建权限明确、多源统一、利益共享的数据发布、甄别、汇集与使用体系；建设国家、省两级农业生产大数据集中存储运算体系，实现政府农业信息统计数据填报、农业生产主体监测管理数据的自动分类存储与运算分析，形成基本农田与园艺生产全覆盖的全国农业生产大数据网络和数据公共产品供应。

（3）统筹全国智慧农业平台，建立基于全国农田高精电子地图的农业农村公共基础云平台

统筹迭代现有分散建设的智慧农业平台系统，打破原有的"信息孤岛""数据烟囱"，优化整合现有吉林"云码村社"等高质量数字农业农村云平台，建立基于全国农田高精电子地图、"国—省—市—县—乡—村"六级架构，农村、农民、农服、农企、农资、农机、农产品全线打通，智慧功能一体化的农业农村公共基础云平台；推动基于农业农村公共基础云平台的数据中心端、手机端、农机端的多端一体"智农码"的全面应用，实现农业农村监测管理、无人作业的无缝衔接。

（4）针对农业生产条件差异，打造满足农业生产用户个性化需求的农业适配器和智慧农业服务

以全国统筹建设的基础设施、大数据网络和公共基础云平台为支撑，以玉米、草莓全产业链等为突破，针对粮油安全保障、高值农产品的市场化分类目标和特色，以及土地流转大户、专业合作社、农业生产托管经营的不同模式主体的个性化需求，建设机理明晰、匹配调参的底层农业模型库，建成可自学习辨识、持续迭代的与不同农业生产环境与农机装备傻瓜式适配的产品和服务体系。

（5）基于农业命脉安全和降本增效需求，启动农业传感器等智慧装备核心部件的国产化替代工程

针对国产土壤温湿盐农业传感器、农机角度/姿态传感器、物联网网关、信号收发芯片、可穿戴设备等产品质量不过关、重复精度差、可靠性差，依赖进口部件的现状，启动智慧农业核心部件的国产化替代工程，通过农机补贴等倾斜引导政策纠正企业的廉价、低质市场竞争行为，为保障智慧农业命脉安全和降本增效提供"中国方案"。

（6）以智能农机为智慧农业的关键环节和发力点，推进数智融合工厂化农业建设工程

针对数据无流动、数据获取-分析-作业断裂的智慧农业发展瓶颈，大力推进机载北斗智慧终端、智慧农情原位感知系统等的研发与农机加装，实现基于全国农田高精电子地图的农机集群调度和"网约"化作业服务，在农机辅助驾驶行走的基础上实现自主导航插秧、施药、收获的"不压苗、低损失"作业性能重要突破；实现园艺生产的机器人化自主早期病虫害巡检、疏花疏果、采收作业和果品采收-分级-转运自主协同作业的重要突破。

（7）国家统筹布局与"赛马机制"结合，构建系统的全国智慧农业科研体系

面向保障粮食安全的国家任务和建设智慧农业的基础性使命，由农业农村部市场与信息化司牵头统筹，以国家和各省农业农村大数据中心体系为平台，依托国家数字农业装备创新中心、分中心的建设布局，建立全国智慧农业核心专家队伍，构建系统的全国智慧农业科研体系；加速理顺国家数字农业装备创新（分）中心、数字农业产品检验检测中心、国家数字农业创新应用基地的关系，建立健全智慧农业技术与装备的研发、试验、检测生态体系，建稳夯实我国智慧农业的技术、人才基石。

1.3　智慧农业中的机器人要素

农业机器人的概念是针对现有农机装备的不足提出的，自20世纪80年代日本、美国、意大利等国家开始农业机器人的装备开发以来，其概念逐渐趋于明确，在现代农业和智慧农业体系中的角色作用也越来越突出。

任何智慧农业模式都要以智能装备的作业实施为落脚点，农业机器人正是以智能为核心特征，融机械、感知、导航、控制于一体的一类面向农业产业的机器人系统。农业机器人也是农业机械发展的高级阶段，是智能农机的典型代表和发展趋势，是具备更高智能感知与作业水平的新一代农业装备，在推动农业从"过度依赖人工经验判断和作业"向"智能决策和机器自主"转变、从"传统粗放管理和作业"向"精细管控生产"转变、从"被动看天吃饭"向"主动防灾保产"转变中发挥着决定性的作用。

在学术领域，一般按工业机器人、服务机器人和特种机器人三个大类

来划分机器人，农业机器人归为特种机器人的一个分支。近年来，随着农业机器人技术与产业的迅速发展，农业机器人已逐渐以独立的机器人分支而得到产业界、学术界的认可。农业机器人技术已成为全球发展的热点，成为机器人和农业装备学科最为活跃的研究领域。

2023 年 4 月在德国杜塞尔多夫召开的第 7 届国际 VDI 智慧农业会议上，与会专家就智慧农业中农业机器人、无人机等先进技术的最新发展趋势，及其为企业带来战略利益的方式进行了充分交流。2023 年 6 月在第 4 届国际 VDI 农业自动化和机器人会议上，大约 40 名农业自动化和机器人领域的国际专家齐聚德国杜塞尔多夫，其中包括 AgroIntelli、Digital Workbench、Earth Rover、Naïo Technologies、Odd.Bot、PeK Automotive 和 Small Robot Company 等农业机器人制造商的创始人。参与会议的还有来自 DeLaval、Pöttinger、Sick、Trimble 和 Septentrio 等跨国大公司的代表。与会者就农业自动化和机器人领域的行业挑战与机遇进行了探讨，他们针对该领域提出的各种真知灼见尤其值得参考和分享。

2023 世界机器人大会于 2023 年 8 月 16 日至 22 日在北京举行，大会以"开放创新、聚享未来"为主题，首次全馆打造"机器人+"制造业、农业、商贸物流、医疗健康、商业社区服务、安全应急和极限环境应用等十大应用场景板块，农业机器人成为展会的亮点。在 2023 世界机器人大会"机器人+农业"（图 1.6a）专区展示了大田作业机器人、林果作业机器人、设施农业作业机器人、畜禽养殖机器人等。达闼机器人公司的云端农业采摘机器人首次亮相（图 1.6c）；国家农业信息化工程技术研究中心展示了专为矮化密植果园设计的多臂苹果采摘机器人（图 1.6b）；遨博、乔戈里、伟景等企业也携针对番茄、草莓、瓜类等不同果蔬类型研发的采摘机器人参展（图 1.6d）。此外，2023 世界机器人大会"智慧农业机器人创新论坛暨'机器人+'农业应用成果展演"于 8 月 18 日在北京亦创国际会展中心举办（图 1.7），论坛举办期间收到"机器人+"农业应用成果展演 200 多项，主要涉及机器人采摘、大田作业机器人、农业智能农机设备、小型智能机器人、农业机器人最新科研成果；2023 世界机器人大会农业机器人专题论坛于 8 月 19 日成功举办（图 1.8），该论坛主要围绕大田、设施、果园、畜禽等农业生产应用场景，邀请国内专家学者在引领学术创新、深化技术交流、拓展应用场景、推动产业落地等方面进行深入探讨，推动农业机器人产业加速创新发展。

(a) "机器人+农业"专区

(b) 国家农业智能装备工程技术
研究中心——AutoPicker多臂苹果采摘机器人

(c) 达闼机器人公司云端
农业采摘机器人

(d) 遨博公司的果蔬采摘机器人

图1.6 2023世界机器人大会上亮相的采摘机器人

图1.7 2023世界机器人大会智慧
农业机器人创新论坛

图1.8 2023世界机器人大会农业
机器人专题论坛

联合国粮食及农业组织（Food and Agriculture Organization of the United Nations，FAO）、美国、欧洲、日本等组织和国家（或地区）围绕智慧农业进行了广泛的布局，农业机器人技术均成为其中核心和重点。FAO 的农业 4.0 计划主题为"可持续作物生产的机器人与自动化装备"（图 1.9），旨在为发展中国家的农业提供农业机器人和自动化的新技术发展机会；欧盟的 AgriTech 2023 计划关系到 2030 年欧盟的农机工业发展（图 1.10），计划提出在最有前景的农业机器人等领域提供欧盟的研究资金支持。*

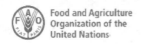

图 1.9　FAO 的农业 4.0 计划

图 1.10　欧盟的 AgriTech 2023 计划

* 本章的部分数据、观点来自于著者和农业农村部大数据发展中心共同参与的农业农村部智慧农业调研报告、国家数字农业装备（人工智能和农业机器人）创新分中心为农业农村部撰写的报告材料。

2
农业机器人发展模式与路径

2.1 农业机器人发展的驱动要素与体系架构

2.1.1 农业机器人发展的驱动要素

智能机器人是高度交叉的学科的产物，每一类智能机器人的发展都具有来自内部、外部的不同驱动因素（图 2.1）。今天，我国工业机器人产业迅猛发展、国产化步伐加速、生产应用全面推进，3 年的疫情期为服务机器人的爆发式发展提供了一个风口。2023 年，人形机器人骤然加快了商业化步伐，我们一下子跨入了"具身智能"时代。各类机器人的发展是各种不同要素驱动的表现，农业机器人作为直接面向动植物生命体、具有高智能要求的机器人品类，其发展背后必然有各类要素驱动，对这些要素的研判有助于把握时代脉络和切入点，加速推动农业机器人技术与产业的发展。

图 2.1 服务机器人产业的五大驱动因素①

---

① 资料来源：亿欧智库. 2020 中国服务机器人产业发展研究报告 ［R］. 2020.

2.1.1.1 农业生产要素

（1）劳动力

农业机器人作为农业生产中实现比现有农机更健康、轻松、舒适的一致性作业和对纯人工选择性作业的装备化替代的方案，农业劳动力的数量、专业机手的数量、从业者报酬水平、从业人员的年龄结构，以及在不同行业比较中农业生产对年轻、专业化人才的吸引力，决定了农业生产对机器人装备的需求。只有当农业生产中机器人的作业成本与效率比超出劳动力投入才能使农业机器人成为农业的刚需，才能迎来农业机器人市场需求的重要拐点。

（2）农产品需求

提供满足公众需求的农产品是农业生产的基本任务。公众对农产品的需求具有层次性，传统农机面向基本的粮食与农副产品供应保障，以一致性的高效作业为核心目标；而目前改善性的饮食消费需求及相应的精品化、多样化农产品的生产任务，往往是传统农机所无法胜任的。社会的农产品需求结构对农业机器人的发展具有重要影响。

（3）农业服务消费需求

随着社会的发展，在基本的生产功能之外，农业的休闲、旅游、康养、教育等功能不断拓展，其经营模式也不断向综合化、智慧化方面发展，对面向农业体系的界面友好、智慧互动形装备提出了要求。传统农机具有人员远离作业区域的安全要求，不仅在功能上缺乏面向服务的能力，而且在结构上缺乏与人的互动性。服务型农业的发展恰恰为农业机器人打开了重要的窗口。

（4）生产规模和规范

农业生产规模和规范对农机产业发展具有决定性作用，更决定了农业机器人产业的发展目标和发展水平。只有面向相对规范一致的栽培生产、具有一定规模的农业生产，才有可能使农业机器人以相对一致的结构与技术方案走向市场，才有可能达到量产，从而使机器人产品的研发成本和研发周期大大压缩，实现市场销量和占有率的突破。

（5）农业经营主体

在不同国家的农业体制下，农业经营主体存在较大的差别。我国目前的农业经营主体有小农户、专业大户、家庭农场、农民专业合作社、农业企业、农业社会化服务组织等多种形式。作为农业机器人的终端用户，不同农业经营主体的规模、经营模式、农机利用方式等对农业机器人的市场打开和应用推广具有关键影响。

2.1.1.2　机器人产业要素

（1）核心部件

农业机器人的结构与技术构成远比传统农机复杂，比工业机器人也要复杂得多。视觉系统、导航系统、机械臂等核心部件的技术成熟度、系统集成度、国产率、成本等决定了农业机器人产品的性能、开发进度和成本，核心部件的供应链也决定了农业机器人产业的发展。

（2）工艺标准

任何机械、机电产品的产业大发展均以标准化为基本前提和核心特征，农机行业销售中占据主要份额的两大类产品——拖拉机和联合收割机，恰恰是标准化程度最高的农机设备。标准化带来稳定的供应链配套、低成本的快速加工装配和有效的售后服务。农业机器人作为高度复杂的智能产品，面向纷繁的作业对象和任务，其装备目前距离标准化仍有相当大的差距。

（3）研发力

农业机器人，特别是选择性作业机器人的研发制造难度远远超过了传统农机，现有农机企业很少具备相应的研发能力。而现有机器人企业以标准化的机械臂、底盘制造为主，集成开发商则将业务主要集中在工业机器人、服务类机器人上，其技术和产品难以直接形成农业机器人的研发力，更无法将现有机器人领域的结构、导航、视觉、规划方案直接移植于农业机器人研发。

（4）资本

与以机械制造为主的传统农机产业相比，或与相对成熟的工业机器人产业相比，农业机器人，特别是采摘、对靶除草等依赖视觉的选择性作业机器人的方案颠覆性、技术复杂性和市场不确定性，决定了农业机器人虽面临巨大的市场机遇，却无法以现有方式实现产业培育。高科技行业融资风投体系的健全性和专业化水平，对农业机器人的技术发展路径以及整个产业的形成和壮大具有重大影响。

2.1.1.3　社会要素

（1）政策环境

在农业机器人这类非完全市场化的产业领域，国家的针对性宏观发展战略、专门组织机构的设置、产业与科技政策倾斜与扶持等对其发展具有关键作用。

（2）公众认知

社会公众以及政府管理部门、涉农企业经营者、农业从业者等对农业机器人这一新生事物的认知和接受程度，反映了社会文明进步和农业机器人技术与产业发展进步的双重结果，在很大程度上决定了农业机器人产业应用的进程。

（3）专业教育

农业机器人技术的交叉性、综合性远大于传统机器人和农业机械专业的教育范畴，农业机器人的科研、技术攻关、设计开发、性能与工艺提升、推广与售后等，迫切需要强化对口的专业教育和不同层次的人才培养。

2.1.2　农业机器人发展的体系架构

图 2.2 所示农业机器人发展体系架构的内涵如下：

① 在农业机器人的技术-产业-市场大系统内，农业机器人的发展是技术发展、产业发展和市场拓展的有机结合整体，农业机器人技术的发展成熟是其形成大产业的前提，同时只有从实验室走向产业，才有可能真正确立农业机器人技术发展的核心目标，加速农业机器人核心技术的迭代更新，以及产品工艺可靠性、使用友好性的实现。一方面，农业机器人产业的形成和具备满足农业生产性能要求的机器人产品的推出，是农业机器人生产推广应用和市场拓展的前提；另一方面，只有直接面向农业生产的市场需求，才有可能准确定位农业机器人的产品形态和产业模式，否则只能沦为展会舞台或视频里的炫技，只有以产品形态在农业生产应用中不断实现技术迭代熟化，才能真正实现技术与产品的完善。

② 在农业机器人的技术-产业-市场大系统外，农业生产、机器人产业、社会构成其发展的三大要素。农业生产要素决定农业机器人的市场需求，机器人产业要素决定农业机器人样机、产品的研发和产业的发展，社会要素则成为农业机器人的技术-产业-市场发展的软环境。农业机器人发展的各外部要素相互耦合，共同作用于农业机器人的技术-产业-市场大系统，并转化为其发展的内生动力。

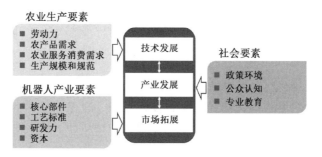

图 2.2 农业机器人发展体系架构

2.2 我国农业机器人发展要素、模式与阶段性判断

2.2.1 我国农业机器人发展的农业生产要素

2.2.1.1 劳动力

（1）劳动密集型产业的劳动力需求量极为庞大

农业机器人所重点针对的果、蔬、茶、花、菌等园艺产业和设施种养领域，其作业环节繁多，是典型的劳动密集型产业，劳动力投入强度可达大田作物的 6~8 倍。根据《中国农村统计年鉴 2020》，2019 年我国粮食生产的每亩平均用工量为 4.6 个工日，而苹果生产的每亩平均用工量则达到了 37.4 个工日，用工量达到了粮食生产的 8.13 倍。设施黄瓜、番茄和菜椒等作物生产的用工量均超过了 48 个工日，其中设施番茄生产的用工量达到惊人的 62.65 个工日（图 2.3）。

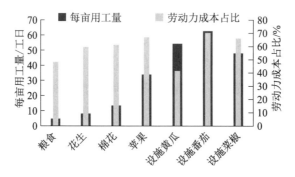

图 2.3 不同农产品生产的用工量和总成本占比

即使在欧美发达国家，上述生产中除建园、开沟、施肥、移栽、起垄、除草等地面管理和分选分级、清洗、打蜡、包装、打标、加工等采后处理

外，冬剪、夏剪、授粉、疏花疏果、施药、套袋、采收、转运等植株管理环节也仍大量依赖人工（图2.4）。以草莓为例，加州露地大规模种植的草莓面积和产量占全美国的80%~90%，其秧苗移栽以移动平台上多人乘坐的辅助弯腰手工定植为主，采收以移动平台多人趴俯的手工采收和装箱为主，田头的就地分选和包装也大量依赖人工（图2.5），近年来他们同样饱受农业劳动力匮缺的困扰，不断加大对大型机器人化采收机的研发支持。

(a) 剪枝

(b) 授粉

(c) 疏果　　　　　　　　　　　　(d) 套袋

(e) 采收

图2.4　选择性作业

图 2.5 美国的草莓收获与就地分选

（2）红利消失，农业劳动力成本激增

极为丰富的劳动力资源和"人口红利"成为数十年来中国经济腾飞的巨大动力。我国土地密集型的粮食生产与发达国家相比处于劣势，而劳动密集型的水果、蔬菜生产则成为我国长期以来的出口优势产业。但是今天，我国农业发展的人口优势已经消失，农业劳动力急缺已成为现实。如图 2.6 所示，20 世纪 90 年代我国农业劳动力的数量接近 4 亿人，而 30 年后已下降为1.77 亿人，且其中全年从事农业劳动和以农业为主要收入的人数比例不超过30%。农业从业人员的日均成本 10 年间已增长了 153%（2010—2020 年）。

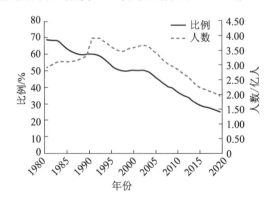

图 2.6 农业劳动力数量与比例变化（《中国统计年鉴 2020》）

尽管单位面积果蔬的产值远远超出粮食生产,但用工量居高不下,劳动力成本激增导致果蔬生产成本高于粮食生产数倍。从图2.7可以看到,苹果生产的劳动力成本占比已从2000年的49.26%上升为2019年的65.29%,而设施番茄生产的劳动力成本占比甚至已超过70%。随着我国农业劳动力成本的不断上涨(图2.8),我国园艺类产品的国际竞争成本优势已经丧失。

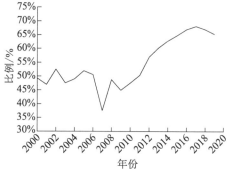

图2.7　苹果生产的劳动力成本占比　　图2.8　农业劳动力成本的激增

劳动力成本的激增大大推高了我国园艺生产的总成本,也对生产经营规模的扩大产生了巨大制约。与不计工资的农户个体经营相比,规模化农业生产的雇工成本对经营更造成了直接压力。

（3）劳动力老化、专业人才稀缺

随着中国经济发展水平的提高,我国人均寿命已超过77岁并逐渐进入老龄化社会,劳动力急缺已成为各个行业的巨大障碍。我国农业劳动力老龄化问题更加严重,多数地区的农业生产一线人员甚至超过70岁(图2.9),如何保障基础性地位的农业生产的持续发展已成为重大问题。对农业企业的生产经营而言,一方面农业劳动力的成本激增,另一方面严重老龄化导致雇工多但作业效率低,文化水平和专业水平低而无法适应现代生产作业

和经营的需求。

目前我国的农业综合机械化水平已超过 72%，但是一方面，我国在园艺作物生产、丘陵农业、水产养殖等多重领域仍存在无机可用的局面，而传统面向大量粮食作物生产的农业机械原理与方案难以适用于上述领域的机械化作业，无法解决剩余近 30% 的

图 2.9　我国农业劳动力老龄化

机械化攻坚问题；另一方面，现有农机装备解决了初步机械化作业问题，但仍普遍存在可靠性差、配套人力需要过多、"省力不省工"等问题（图2.10）。劳动力急缺要求我国的农业装备研发应着重向"新原理+智能化"补空白、少人化甚至无人化操作两大目标发展。

图 2.10　农机装备的"省力不省工"问题

农业生产一线劳动力的老龄化，使现有农机操作使用复杂、操作劳动强度大、对机手技术要求高等问题更加凸显。虽然农业机械化的专业化、社会化服务在一定程度上可缓解这一现状，但是面对目前我国仍普遍存在的丘陵农业生产、种植规格差异巨大，与生产管理作业环节众多的果、蔬、茶等生产不规范、地块分散等问题，以及具备技术能力的农村青壮年专业机手迅速流失等现实问题，大量农业生产作业仍需老龄化劳动力来完成。农机装备向轻简化、舒适化、傻瓜化甚至无人化方向发展已成为客观的需要。

（4）农业机器人刚需化的拐点

根据 2023 世界机器人大会发布的数据，2022 年我国工业机器人装机量占全球比重超过 50%，稳居全球第一大工业机器人市场，制造业机器人密度达到每万名工人 392 台，中国工业机器人密度已超过美国。而十年前，中国工业机器人密度每万名工人仅为 15 台，中国工业机器人应用的爆发式增长与十年来中国劳动力成本的骤增呈密切的正相关关系。目前每台工业机器人的装机成本（购置安装价计提折旧）和使用成本已显著低于一个劳动力，而作业效率往往是一个劳动力的数倍，工业机器人的大范围产业应用成为必然。

今天，中国农业劳动力的匮缺已成为现实，伴随着比其他行业严峻得多的老龄化问题，应用农业机器人来弥补众多农业机械化空白领域的人力资源流失，已从理论上的需求骤然上升为刚需。同样对于农业产业经营，随着农业机器人成本的不断下降和作业效率的快速提升（图 2.11），部分已经具有并迅速扩大对老龄化农业劳动力的比较优势，农业机器人大面积应用的重要拐点已经出现。

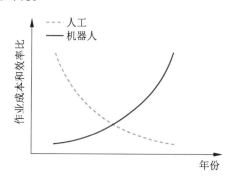

图 2.11　机器人与人工的作业成本和效率比变化

2.2.1.2　农产品需求

（1）膳食结构的变化

随着我国人民生活水平的提高，膳食结构中口粮的比重不断下降，而肉蛋、果蔬等农副产品的比重持续上升，在粮食消费中口粮的比重也在不断下降。统计显示，截至 2022 年 6 月，我国食物总消费量从 1978 年的每人每年 515 千克增长到超过 1400 千克，而其中城乡居民人均原粮消费由 1978 年的每人每年 247.8 千克下降到 130 千克左右。减少主食摄入、增加副食摄入、注重食物种类多样性和营养搭配等，正成为越来越多消费者的饮食习惯。主食越来越不"主"、副食越来越不"副"，已成为客观趋势，也成为农业生产结构发展的客观规律。

（2）大食物观下的粮食安全

粮食是国之根本，14亿人的吃饭问题永远是我们的核心问题，大田粮食生产永远是我国农业的重点。但随着我国居民膳食结构的变化，2015年中央农村工作会议就提出"树立大农业、大食物观念"。而早在1990年，习近平同志就在《摆脱贫困》一书中提出："现在讲的粮食即食物，大粮食观念替代了以粮为纲的旧观念。"

同时，最大的食物增产潜力恰恰来自非粮作物，与粮食生产的一年一季、一年两季相比，蔬菜可以周年多茬种植，亩产可达到粮食生产的数倍。特别是在设施条件下，蔬菜生产受自然条件、自然灾害的影响比粮食生产要低得多。另外，我国粮食的单产已经达到世界先进水平，但是设施番茄、黄瓜等非粮作物的单产水平与发达国家相比还有一定差距，仍然有巨大的增产潜力可挖。

（3）鲜食为主的农产品结构

我国是水果、蔬菜、茶叶的第一生产和消费大国。欧美国家的果蔬主要用于果酱、果干、果汁、酱菜、沙拉等的加工，加工用果蔬量占果蔬总产量的70%以上，其茶叶消费也以袋装碎茶为主。与之相比，受传统消费习惯及果蔬茶加工业发展不足的影响，我国果、蔬、茶的鲜食特色极为鲜明。我国生产的85%以上的果蔬用于鲜食，而茶叶更以一芽一叶、一芽两叶的优质茶冲泡为文化和习惯，碎茶则主要用于出口（图2.12）。与加工用果、蔬、茶的机械化、一致性作业不同（图2.13），鲜明的鲜食特色对果、蔬、茶机械化作业的实施提出了极大挑战。

(a) 果实采收   (b) 整枝打叶

(c) 茶芽采收

图 2.12　我国果、蔬、茶的选择性生产管理作业

(a) 番茄一致性收获

(b) 葡萄一致性收获

图 2.13　加工用果、蔬、茶的机械化一致性收获

（4）品种需求丰富

鲜食为主、品种丰富是中国传统的饮食习惯，中国人对不同食品的类型、口感等各有偏爱。中国地域广阔、气候条件差异大，每个地方都有特色的农产品，形成果、蔬、茶等繁多的特色品种。根据邓秀新院士的调查，我国商业生产一万亩以上的柑橘品种有 89 个（图 2.14）。从南到北，我国水蜜桃、蟠桃、黄桃、油桃等桃的品种超过 120 个（图 2.15）。在生产中，一个生产主体甚至可以根据市场的需求同时种植多品种或换种，如一个葡萄园可同时种植夏黑、巨峰、阳光玫瑰、美人指等数个品种。丰富的农产品品种需求所带来的农业生产特色，导致作物特征与栽培、管理存在差异，更无法实现一致性的机械化作业，这成为无机可用的关键原因。

图 2.14　我国的柑橘品种例举

中国桃子大全(23个地区121种桃子)

水蜜桃　　油桃　　蟠桃　　黄桃　　白桃　　血桃　　鹰嘴桃　　冬桃

河北省：定州蜜桃、顺平蜜桃、满城红岗山桃、深州蜜桃、饶阳蜜桃、灵寿桃、高
　　　　邑桃子、乐亭水蜜桃、邯郸赵王仙桃。

北京市：平谷大桃。

天津市：蓟州桃。

山西省：太原张拔白桃、运城红不软毛桃、运城万荣早风王桃、临汾贺家庄鲜桃。

辽宁省：大连黄桃、普兰店棚桃、桓仁大白桃、盖州桃。

河南省：郑州万山冬桃、许昌鄢陵蟠桃、南阳桐柏朱砂红桃、驻马店上蔡白桃、驻
　　　　马店贾楼白云仙桃、周口太康常营油桃。

湖北省：黄石保安狗血桃、襄阳老河口大仙桃、宜昌秭归白花桃、荆门钟祥大口蜜
　　　　桃、随州广水胭脂红桃、襄阳枣阳皇桃。

湖南省：怀化麻阳桃、株洲炎陵黄桃、衡阳衡山红脆桃、衡阳衡山永和菁香桃、常
　　　　德临澧县官亭中华脆蜜桃。

江西省：九江都昌大白桃、赣州寻乌鹰嘴桃。

安徽省：合肥长丰县加州甜桃、马鞍山园艺鲜桃、萧县桃子、六安寿县安农水蜜
　　　　桃、宿州砀山黄桃、宿州砀山大棚油桃。

山东省：威海里口山蟠桃、威海荣成蜜桃、枣庄水泉冬桃、枣庄临城桃、聊城临清
　　　　临桃、泰安肥城桃、烟台海阳红巨桃、烟台莱山蜜桃、潍坊安丘蜜桃、潍
　　　　坊青州蜜桃、临沂蒙阴白桃、临沂蒙阴水蜜桃、青岛平度店子秋桃。

江苏省：无锡阳山白凤桃、徐州沛县冬桃、徐州丰县桃、新沂水蜜桃、盱眙水

蜜桃。

上海市：奉贤黄桃、佘山水蜜桃、大团水蜜桃、南汇水蜜桃、松江黄桃、奉贤锦绣黄桃、金山蟠桃。

浙江省：杭州新登半山桃子、千岛湖水蜜桃、宁波奉化水蜜桃、衢州常山乌桃、丽水九坑桃、绍兴上虞老外婆水蜜桃、绍兴嘉善姚庄黄桃。

重庆市：万州茅山贡桃、合川太和黄桃、潼南黄桃。

四川省：龙泉驿水蜜桃、简阳晚白桃、广汉松林桃、达州大竹秦王桃、甘孜泸定香桃、眉山石家村脆桃、南充充国香桃。

云南省：大理祥云冬桃、大理宾川冬桃、红河州开远乐白道蜜桃、开远鹰嘴蜜蜜桃、丽江雪桃。

贵州省：贵阳南明永乐艳红桃、贵阳清镇迎庆桃、安顺普定梭筛桃、黔南州荔波血桃。

陕西省：西安王莽鲜桃、周至老堡子鲜桃、铜川孟姜红甜桃、咸阳礼泉县榆村御桃、咸阳永寿桃子、渭南大荔县油蟠桃。

甘肃省：兰州香桃、兰州白粉桃、天水秦安蜜桃、酒泉敦煌李广桃。

新疆维吾尔自治区：伊犁喀拉布拉桃子、阜康蟠桃、喀什蟠桃、石河子143蟠桃、哈密油桃。

广东省：深圳南山甜桃、韶关翁源九仙桃、韶关翁源三华蜜桃、河源连平鹰嘴蜜桃。

广西壮族自治区：南宁扁桃、桂林恭城桃、桂林灵川桃、河池天峨秋蜜桃。

图 2.15　中国的桃品种 *

（5）改善型需求的增长

我国果、蔬、茶等农副产品生产规模巨大，但以保障型农产品生产为主。随着人民生活水平的提高，改善型农产品消费需求猛增，高品质、精品型农产品消费需求增长迅速，市场十分巨大。中国是全球最大的精品水果进口国，甚至由此造就了一批海外产业，如新西兰的猕猴桃、智利的车厘子、泰国的榴莲等（图 2.16）；中国也是全球最大的高端肉、鱼、蛋类的进口国，帝王蟹、澳洲龙虾、波士顿龙虾、海参、三文鱼、和牛等进口产品耳熟能详。同时，近年来我国对绿色蔬菜、净菜的消费需求也越来越高，

---

* 资料来源：凡慕来美食烘焙. 中国桃子大全，盘点24个省121种桃子，还有一种叫"桃"不是桃，哪里桃子好吃 [EB/OL]. （2021－08－04）　[2023－07－14]. https：//www.sohu.com/a/481336494_120517663.

市场快速扩大。

图 2.16　高端进口水果

与之对应，我国农业在保障型农产品生产充足的基础上，改善型农产品生产正呈现高速发展态势。葡萄、苹果、猕猴桃、桃等水果的生产已快速从重产量向低留果、高品质发展，对精细的疏花疏果等产中管理提出了更高的要求。绿色蔬菜、有机蔬菜的生产，更以精细管理、低量或无化学药剂施用为重要生产手段，常规机械化作业往往难以满足要求。

（6）农业机器人的需求

首先，传统农业机械以大田粮食作物为对象，面向粮食生产中的耕、种、管、收主要环节的一致性作业，形成了农业机械学的设计体系、农业机械的原理-结构特征和农业机械分类体系。而果蔬茶、肉蛋奶等农副产品的生产对象、环境特征、生产作业方式等与大田粮食作物存在巨大的差异，传统农机方案难以适用。其次，我国以鲜食为主的饮食结构特点决定了一致性种植、修剪、收获等机械作业方式难以满足鲜食农产品的高品质生产供应需求，纷繁众多的品种种植差异给以标准化结构为特征的传统农机设计方案带来了难以克服的挑战，选择性作业成为对农机的客观要求。最后，精品型农产品生产的精细化管理往往以巨大的人工投入为代价，导致与高产出相伴而来的劳动成本过高。我国农产品需求的上述特点，使我国对农业机器人有比欧美国家更为突出和迫切的需求、更为广大的市场，亟待走出中国农业机器人和机器人农业发展之路。

2.2.1.3　农业服务消费需求

在生产功能以外，农业的服务性功能具有巨大的潜力并正在快速发展。

都市休闲、旅游、康养、教育等农业新业态正成为我国农业的庞大蓝海产业。传统的"农家乐"式休闲旅游为观光、采摘和农家饭"三件套"（图2.17），与现代化农业生产脱节，商业模式原始，使经营效益严重受限。

(a) 观光

(b) 采摘

(c) 农家饭

图2.17 农业休闲旅游"三件套"

现代化的农业服务消费新业态必须以现代化的设施为支撑，但是传统农机均以农业生产的高效、低损等作业性能要求为设计目标，其结构设计、造型设计、功能设计不仅与休闲、旅游、康养、教育相去甚远，甚至往往要求作业中非操作人员远离工作区域，冷冰冰、危险的生产机器与现代农业消费需求背道而驰。

目前，都市休闲、旅游、康养、教育等农业新业态的快速发展已提出了界面友好、互动智能、体验感强的农业新装备要求。在传统农机无法胜任、现有以生产作业为设计目标的农业机器人无法满足要求的现状下，面向农业服务消费需求的机器人化新装备将成为农业机器人发展的一大方向，包括农业场景下的智慧乘坐体验、作业体验、导览体验、伴游体验、乐教体验的专用、多功能一体化、生产-休闲复合式的轮式机器人、采摘机器人、人形机器人等（图2.18）。

(a) 语音操控与互动的人形葡萄采摘机器人

(b) 采摘手势控制和语音互动的智慧乘坐草莓采摘车[1, 2]

(c) 农业智慧导览-伴游的人形跨媒体交互机器人[3]

图 2.18　著者团队研发的农业新业态类机器人

2.2.1.4　生产规模和规范

（1）总量巨大，生产经营规模偏小

林果、蔬菜、茶叶、瓜果、花卉、食用菌等园艺作物栽培生产在我国居于十分重要的地位，目前其总产值已占据种植业的半壁江山，在山东、江苏等省份，其产值占比甚至高达 70%。据统计，我国蔬菜、水果、茶叶、瓜果的总种植面积分别达 3.35 亿亩、1.95 亿亩、0.45 亿亩和 0.32 亿亩，我国食用菌的总产量占全球总产量的 72%。我国多数种类的园艺作物总产量高居全球首位。同时，园艺作为高效特色产业，已成为农民增收的重要途径，并在我国的农产品出口中占有十分重要的地位。

但是，我国园艺的生产经营规模偏小，果园、温室、大棚的单体规模偏小。以美国为代表的规模化农业，平均每个农场的耕地面积超过 2600 亩，而中国每个经营户的规模仅为美国的 3%。据统计，美国 20 世纪 90 年代所建设温室的单栋面积已普遍在 20 hm^2（1 hm^2 = 10^4 m^2）以上，而我国现有的 1800 多万个大棚的平均面积不到 1.7 亩；美国果园的平均规模超过 200 hm^2，而我国的果园平均面积仅为 10 亩左右，差距十分巨大。偏小的经营规模使农机、机器人的应用受到很大限制，无从发挥其性能潜力，数量众多而缺乏与生产服务、市场对接能力的经营主体更严重影响了农业机器人的推广应用。

可喜的是，随着土地流转、托管的加速和专业合作社、农企的快速发展，我国园艺生产经营规模在不断扩大。近年来，京东、阿里等新型资本和经营体的不断入局和拼多多等农产品电商的发展，更加速了单体面积超过 10 hm^2 的大型温室、万亩连片现代果园等在各地的快速建设（图 2.19），为打破农业机器人应用的规模化瓶颈带来了曙光。

(a) 北京海淀大型温室(10 hm²)　　　　(b) 上海崇明大型温室(20.66 hm²)

(c) 宿迁斯味特大型苹果园

图 2.19　大型温室和果园

（2）栽培模式多样，生产规格不一

受我国复杂多样地域、气候条件和作物品种影响，长期以来我国各类果蔬的栽培模式多样，生产规格不一。温室大棚的结构类型多，肩高、栽培模式、行间条件、起垄尺寸、茬口各式各样，果园的道路、行向、开沟起垄、限根栽培、株行距、树形架式、管理制度形形色色，甚至每一经营户内都存在多种规格和模式。例如，草莓栽培模式多样，有平地栽培、高垄栽培、高架栽培（图 2.20），而起垄和建架的材料尺寸各户、各棚不一，同一棚内亦不规范齐整；果树的多主枝有自然形、纺锤形、自然开心形、篱栅形、Y 形、篱壁形、水平棚架形等（图 2.21），甚至同一农户也有多种树形规格，其与多样化的品种、行间地面条件等共同形成了多变、随变的作业条件。

复杂不一的环境条件，不仅导致机器人作业难度加大、作业性能受限，更严重限制了其产业化发展，使机器人不得不因特定环境、规格、品种而定制，无法形成标准化的生产工艺而实现量产，导致漫长的研发周期和巨大的研发成本无法分摊，研发投入的得不偿失令企业望而却步。农业机器人巨大的潜在市场和前景与生产实际的巨大限制形成了鲜明的冲突。

(a) 平地栽培

(b) 高垄栽培

(c) 高架栽培

图 2.20　草莓栽培的不同模式

(a) 三主枝开心形　　　　　　　　　　　(b) Y形

(c) 篱壁形　　　　　　　　　　　(d) 高纺锤形

图 2.21　各类果树树形

2.2.1.5　农业经营主体

专业化（企业化）经营、社会化服务已成为现代农业发展的潮流，因直接面向农户的传统农机销售、应用、管理、售后等所存在的障碍，正因专业化（企业化）经营、社会化服务的快速发展而得到解决。与传统农机相比，农业机器人的成本与使用门槛较高，并且往往与智慧管控平台对接实现数据共享与作业调度，更特别受到选择性作业机器人所面向的果、蔬、茶等生产的规模、规范等限制，使直接面向农户的农业机器人销售、应用、管理、售后变为不可能，因此迫切需要走专业化（企业化）经营、社会化服务的发展道路。

2.2.2　我国农业机器人发展的机器人产业要素

（1）核心部件

农业机器人的核心部件配套要比传统农机和工业机器人的复杂得多，

一方面核心部件对农业机器人的整体成本、性能具有决定性作用，另一方面我国农业机器人核心部件长期依赖进口，产业的发展面临严重的"卡脖子"难题。

近年来，全球在卫星导航系统、激光雷达、视觉系统、机械臂、控制器方面的技术与产业升级日新月异，既为实现农业机器人的高性能提供了保障，又使机器人研发的门槛不断降低、研发周期大大缩短。例如，激光雷达是移动机器人的基本部件，但传统单线激光雷达仅能获取周边障碍物的水平截线点云，信息极为有限，远远无法满足多数农业场景下的感知与导航要求。美国 Velodyne 公司作为先驱，先后发展了机械式和半固态（混合固态）激光雷达，通过复杂的机械结构实现了高频准确的部件旋转，但成本高（初期成本高达数十万至百万元美元），且很难保持长时间稳定运行。而目前的纯固态多线激光雷达则无需任何旋转部件，精度和可靠性得到大大提升，整体尺寸远比机械式小巧，且成本大大下降（图2.22）。

(a) 单线　　　　　　　　(b) 机械式多线　　　　　　　　(c) 固态多线

图 2.22　激光雷达的升级

我国机器人核心部件的产业发展非常迅猛，机器人各核心部件均在快速实现国产化（表2.1），部分已全面替代进口甚至占领国际市场。仍以激光雷达为例，近年来中国激光雷达产业迅速崛起并击败了欧美企业，以纯固态为技术方向的多线激光雷达产品价格已下降到千元级，极大地推动了其普及应用，为农业机器人的研发提供了巨大支持。机械臂、微型电机、微型传感器等的快速升级和国产化，使农业机器人研发站在了前所未有的平台上，使整机的集成度、性能、成本和研发周期具备了面向产业化和生产应用的可能。

表 2.1　机器人核心部件的发展与国产化

核心部件	21 世纪初	21 世纪最初十年	21 世纪第二个十年	国产化情况
卫星导航系统	GPS 定位与辅助驾驶	北斗定位与辅助驾驶	北斗自动驾驶和智能作业控制	已建成北斗地基增强系统全国"一张网",形成了完整的农机自动驾驶系统产业链体系
激光雷达	单线	机械式多线	固态多线	中国从无到有,中国生产的激光雷达已占据全球 50%份额
视觉系统	工业 CCD(电耦合器件)相机、图形卡	双目视觉系统、GPU(图形处理器)	集成式 RGB-D(深度图像)、人工智能计算模块、FPGA(现场可编程门陈列)	集成视觉、计算产品快速发展,芯片仍然依赖进口
机械臂	封闭式工业臂	开放式工业臂	开放式、集成化协作臂	国产关节模组与协作臂快速发展,替代进口产品,价格不断下降,市场份额不断扩大
控制器	工控机、PLC(可编程逻辑控制器)	运动控制器	开放式机械臂控制器	快速国产化

（2）工艺标准

任何产业的发展成熟,均以实现结构的标准化、部件的系列化和建立成套的工艺标准为核心特征。传统农机的主要产品——拖拉机和联合收割机,均通过上百年的发展,形成了相对成熟的产品分类、加工和质量标准,以及完善的零部件供应体系,从而支撑拖拉机和联合收割机的大规模生产和售后服务体系的运转,并使产品的性能和可靠性得到保证且不断增强,产品的制造和企业运营成本得到有效控制,形成了一拖、雷沃、沃得等行业巨头企业。

农业机器人,特别是采摘、授粉等选择性作业机器人,目前仍处于产业刚刚兴起和探索性发展阶段，更由于选择性作业对象林果、菜用果、茶、菌、花等的类型、品种和栽培模式远比大田粮油作物多得多，选择性作业的任务类型也比大田作业复杂得多，导致目前所研发的农业机器人类型、结构异常丰富，底盘、机械臂的构型多，末端执行器通常根据特定作业对象和任务而特殊设计，不同研发团队提出了各种新颖不同的结构和机-电-传感一体方案（图 2.23）。这一方面充分体现了这一研究领域的热度和活跃度，但另一方面也清晰表明，农业机器人尚未达到标准化的阶段，也意味着离大规模产业化仍有一定距离。这是由其对传统农机产业的巨大突破和"从0到1"的创新性所决定的。与植保无人机的一致性飞行喷洒作业相比，农业机器人受复杂作业对象、环境的影响巨大，其环境感知-导航行走-目标识别定位-臂避障规划-末端控制的机器人系统结构和多部件通信-协同控制的技术构成要比植保无人机的复杂得多，技术挑战要大得多。因此，与植保无人机等产业从无到有的迅猛发展相比，农业机器人的选择性作业特性、作业类型的多样性决定了其产业化存在较高的门槛。

图 2.23　形形色色的采摘机器人末端执行器

（3）研发力

农业机器人的复杂技术构成和巨大技术挑战对研发能力和实力提出了很高要求。我国自 21 世纪开启农业机器人的研发以来，高校和科研院所一直是相关科研的主力军，目前国内有百所单位在开展各类农业机器人的研发，形成了巨大的整体优势，在国际上继日本后成为农业机器人研发力量、研发成果最为集中和突出的高地。但是在相当长的时间内，多数科研单位以果实识别定位的图像分析和机械臂避障规划的理论分析等为主，无力投入机器人系统的开发。近年来这一现象有很大改观，开展农业机器人实际开发的单位不断增多，但大多科研处于农业机器人手眼协调的功能实现和实验室测试阶段，有能力完成整机开发和进入田间试验测试的单位、团队不到 10%，并有相当部分农业机器人研发的整体方案、核心技术与农业生产实际和产品化目标存在差距。理论上，企业应是农业机器人研发的主力军，但传统农机行业尚难具备掌握农业机器人复杂技术的能力，而现有的以机械臂、AGV（自动导引运输车）等为核心产品的工业机器人行业既面临对农业生产作业任务的陌生及农业高度非结构化所带来的复杂技术挑战，又面临因农业机器人产品难以上量而缺乏大力投入农业机器人产业的决心。目前博田、乔戈里、悟牛、达闼等一批机器人企业开始试水采摘等选择性作业农业机器人，但基本处于样机阶段，在性能、工艺上距离实际投入农业生产和产品化量产仍存在相当差距，技术仍有待实现重要突破。

在我国农业机器人研发力量众多、产业开始兴起的可喜局面下，目前具备技术储备和核心技术突破能力的高校与科研院所，和产业化的主体——企业之间的对接与合作仍然严重不足，导致科研单位的核心技术和整体方案无法进入产品应用层面进行快速验证和迭代更新，而企业的机器人样机具备产品化形态但缺乏核心技术的支撑。该问题的破局对我国农业机器人新兴产业的崛起至为关键。

（4）资本

目前我国农业机器人的技术攻关、装备研发主要依赖政府的科研经费投入，少量为示范工程的经费投入和企业投入。在美国和欧盟的发达国家，农业机器人的研发主要由企业进行，直接面向农业生产需求，实现机器人方案的快速迭代。目前国际上农业机器人研究的主流，也相应从超冗余机械臂规划、密集点云矢量分析的果梗位姿判断、无损无滑动抓握控制等复杂的学术课题快速转向以生产作业性能为核心目标的多目标采序决策、多臂高速并行作业规划等关键技术。我国面临严重滞后于农业机器人产业化大潮的危机。

发达国家快速的农业机器人产业化步伐，在很大程度上受益于在其完善的科技风投体制下诞生的一大批农业机器人明星企业，如美国的BlueRiver、Harvest Croo Robotics、Abundant Robotics、Advanced Farm Technologies、Tortuga Agricultural Technologies，以及西班牙的Agrobot、新西兰的RoboticPlus、以色列的FF Robotics等相继获得了数百万至上千万美元的融资，主导了农业机器人研发和产业化的步伐。我国的高科技风投也在快速兴起，部分企业以农业机器人项目获得了一定融资，但风投的力度、体制健全性等方面在客观上与发达国家还存在较大的差距。科技风投体制的快速成熟和农业机器人项目的向好，将成为其产业化的重要催化剂。

2.2.3 我国农业机器人发展的社会要素

（1）政策环境

我国农业机器人发展的政策环境持续向好，主要体现在以下几个层面。

① 在战略层面，随着我国农业机器人的发展与生产需求的增长，与"十二五""十三五"时期国家仅给予农业机器人探索性研发支持相比，"十四五"以来，面向农业领域的机器人研发、产业发展与生产应用得到国家

的充分重视并明确启动相应的发展规划和对应的政策措施（表2.2）。《"十四五"数字农业建设规划》《数字农业农村发展规划（2019—2025年）》《"十四五"机器人产业发展规划》《"机器人+"应用行动实施方案》等均明确实施农业机器人发展战略，加快各类农业机器人的产品研发、示范推广和应用，我国农业机器人迎来产业发展的巨大利好。

表2.2　我国出台的有关农业机器人发展的支持文件

时间	名称	发文机构	相关精神
2019.12.25	《数字农业农村发展规划（2019—2025年）》	农业农村部、中央网络安全和信息化委员会办公室	加快农业人工智能研发应用，实施农业机器人发展战略，研发适应性强、性价比高、智能决策的新一代农业机器人，加快标准化、产业化发展
2021.12.21	《"十四五"机器人产业发展规划》	工业和信息化部、国家发展改革委、科技部、公安部、民政部等15个部门联合发文	要加快农业人工智能研发应用，重点研制果园除草、精准植保、采摘收获、畜禽喂料、淤泥清理等农业机器人
2023.01.18	《"机器人+"应用行动实施方案》	工业和信息化部、教育部等17个部门联合发文	研制耕整地、育种育苗、播种、灌溉、植保、采摘收获、分选、巡检、挤奶等作业机器人，以及畜禽水产养殖的喂料、清污、消毒、疫病防治、环境控制、畜产品采集等机器人产品。开发专用操控系统、自主智能移动平台及作业部件，推动机器人与农田、农艺、品种相适应，实现信息在线感知、精细生产管控、无人自主作业、高效运维管理。打造丘陵山区、大田、设施园艺、畜牧水产、贮运加工等农业机器人应用场景。加快农林牧渔业基础设施和生产装备智能化改造，推动机器人与农业种植、养殖、林业、渔业生产深度融合，支撑智慧农业发展

时间	名称	发文机构	相关精神
2023.06.09	《全国现代设施农业建设规划（2023—2030）》	农业农村部联合国家发展改革委、财政部、自然资源部	加大高效嫁接机器人、温室巡检机器人、自动植保机器人、采摘机器人等智能装备的推广力度；开展配套果菜全过程巡检诊断机器人的果菜周年设施生产模式示范；重点建设禽舍智能机器人巡检装备；鼓励开展专用传感器、养殖巡检机器人、智能挤奶机器人、疫病监测预警诊断以及饲料配方数据管理和牧场管理系统等领域基础研究和创新应用

② 在操作层面，与以往通常以"智能"涵盖不同，"十四五"规划中明确以"农业机器人"为主题的研发项目、示范项目大大增加；同时，与以往各类科技项目中往往以农业机器人完成的识别定位率、运动周期、动作精度等技术环节性能指标要求不同，"十四五"期间，农业机器人的作业幅宽、效率、损伤率、连续工作时间等作业性能指标成为科技项目的核心要求；另外，项目类型、来源也日益从科技向农业、工信等生产、产业管理部门延伸。工业和信息化部、农业农村部等遴选公布了农业领域机器人典型应用场景名单，要求各地行业主管部门在技术创新、供需对接、公共服务、宣传推广等方面，对入选的典型应用场景及相关单位加大支持力度。农业农村部、国家发展改革委布局建设国家数字农业装备（人工智能和农业机器人）创新分中心并由江苏大学承建（图2.24a）。2023年4月，依托该创新分中心，由江苏大学联合国内龙头科研、制造、推广应用单位组建的"全国农业机器人产业科技创新联合体"正式成立。2023年10月在武汉国际农机展期间，中国农业机械工业协会农业机器人分会成立（图2.24b），中国农业机械化科学研究院、江苏大学等国内农业机器人科研与企业龙头将携手掀起我国农业机器人全面向产业进军的高潮。

无人化农场（无人果园、无人植物工厂、无人养殖场、无人渔场）建设成为各地的热点，车载信息服务产业应用联盟（TIAA）所主导的全国农业全程无人化作业示范已连续举办4届，并整合国内优势资源推进无人农机、无人农场的标准制定，无人化作业试验工程路线图等的编制与产业对接，大大推动了产业的发展。江苏省农业农村厅先后出台《关于印发江苏省粮食生产"无人化农场"和特色农业生产全程机械化示范基地（园区）建设指引的通知》《关于印发江苏省特色农业智能农机装备应用场景建设指引的通知》等，并于2022年和2023年组织全国农业全程无人化作业示范、江苏省电动农机展等（图2.24c，d）。

(a) 国家数字农业装备（人工智能和农业机器人）创新分中心

(b) 中国农业机械工业协会农业机器人分会成立大会

(c) 全国农业全程无人化作业示范

(d) 江苏省电动农机展

图 2.24　农业机器人发展的政府推进

（2）公众认知

我国越来越多的农业机器人样机、产品开始走入田间和亮相各类展会，全国各类机器人大赛、创业大赛等竞赛中农业机器人项目的不断曝光，政府、协会、联盟等组织的农业机器人展示活动的增加，以及抖音、微信公众号、微信朋友圈等新媒体对国内外最新农业机器人展示的视频传播，均大大增强了社会公众、农业从业者对农业机器人的了解和认识。

2014年由江苏大学发起的全国大学生智能农业装备创新大赛（图2.25a），至今已连续举办了8届，成为该领域中我国规模最大、覆盖范围最广、得到广泛认可的赛事。赛事中农业机器人项目的比重和类型快速增加，参加国赛现场展示的农业机器人自选题目从最初的零星项目增加到超过数十项，指定题目的竞技项目也先后涵盖了采摘、施药、移栽、施肥、采摘分级一体等各种机器人类型，技术难度不断增加，参赛项目水平迅速提高。双臂葡萄采摘机器人的现场高速作业展示，代表了我国农业机器人技术发展的新水平。同时，面向休闲农业的跨媒体导览机器人等新兴农业机器人类型也在赛事中涌现，代表了我国农业机器人发展的新趋势。

中国农业机器人创新大赛由中国人工智能学会主办，目前已连续举办了 3 届，通过农业机器人实物的展示和评定，成为农业机器人创新竞赛的代表性赛事。中国农业机器人大赛由中国农业大学发起，每届确定不同题目的竞技形式，并与美国农业与生物工程师学会（ASABE）农业机器人大赛接轨，主要面向学生的能力培养，已形成了一定的影响力。此外，无人机与机器人创新创业方案赛、人工智能与农业机器人竞赛、睿抗机器人开发者大赛农业板块、中国研究生机器人创新设计大赛等也开办得如火如荼（图 2.25b），这对推进高校、科研单位的技术熟化和交流、人才培养，以及增强社会的认知起到了积极的推动作用。

(a) 全国大学生智能农业装备创新大赛　　　(b) 中国研究生机器人创新设计大赛

图 2.25　江苏大学农业机器人团队的赛事展示

2.3　农业机器人发展阶段性的整体判断

2.3.1　农业机器人发展的初级阶段

从 20 世纪 80 年代初至今，全球农业机器人的研发已经走过 40 余年。我国自 21 世纪初开始农业机器人的技术攻关和装备研发，至今也已走过了20 年。

与工业机器人、拖拉机、联合收割机等早已成熟完善的技术体系和产业相比，农业机器人作为新兴的高度智能化的农业装备，采用了与传统农机完全不同的结构方案、作业原理，需要经历一个从零到一、从无到有、从稚嫩到成熟的发展历程（图2.26）。特别是基于现场目标感知的选择性作业，代表了机器人技术和农机技术的最高要求，其复杂性和挑战性意味着农业机器人发展需要走过更长的技术积累和产品化过程。

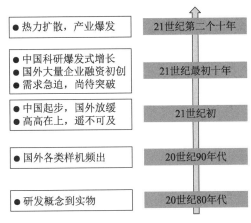

图 2.26　农业机器人技术的发展历程

过去40余年的农业机器人技术发展，可以划分为以下几个阶段（表 2.3）。

表 2.3　农业机器人技术的发展阶段

国家/地区	初级阶段			高质量发展阶段
	学术拓展期	学术深化期	产业化探索期	产业爆发期
	2000 年以前	2000—2015 年	2015 年至今	2023 年至今
日本	高校为主，研发投入大，作业目标与样机类型繁多	高校、院所为主，持续开展研究，技术不断升级换代	校所企联合，持续技术升级	农业机器人产业跨越式发展
美国	高校为主，面向航天等特种需要	陷入低谷，极少高校	企业化、产品化	
欧洲	高校为主	欧盟联合，高校为主	企业化、产品化	
中国	空白	高校为主，开始研发，技术成果与样机爆发式增长	高校、院所为主，企业开始进入	

（1）学术拓展期（2000 年以前）

农业机器人技术的出现是农业生产发展的客观需求，最早于 20 世纪 60

年代提出，20 世纪 80 年代开始获得科研系统与产业的重视，20 世纪 90 年代美国、日本、欧洲的部分国家研究达到了一个高峰，在采摘机器人领域集中推出了大量样机，涵盖番茄、黄瓜、葡萄、柑橘、西瓜、卷心菜等作物种类；同时，在秧苗移栽、嫁接、挤奶等机器人领域也获得了发展。特别是日本，投入采摘机器人研究的单位众多，东京大学、岛根大学、冈山大学、神奈川工科大学、大阪府立大学、爱媛大学等一大批高校投入研发并推出大量样机，涉及番茄、黄瓜、葡萄、柑橘、西瓜等作物，对全球采摘机器人技术的进步作出了突出贡献。欧洲则以意大利为主，主要针对柑橘采收研发出了不同的采摘机器人样机。美国则在 NASA（美国航空航天局）的支持下，以高校为主开展了独特的面向航天、空间站的采摘机器人技术研究。

（2）学术深化期（2000—2015 年）

21 世纪初，日本的农业机器人研究进入平稳期，研究范畴进一步扩大到草莓、樱桃、番茄等的采收，京都大学、九州工业大学、北海道大学、宫崎大学、农研机构、前川制作所、爱知县野菜茶叶研究所、高知工科大学等单位也相继投入该研究领域，作物类型扩大到甘蓝、茄子、甜椒、芦笋、莴苣等，特别是草莓，由于其价值高、栽培量大、果实娇嫩等特点，获得了高度关注，面向温室高架草莓栽培、高垄草莓栽培的采摘机器人技术研究得到重点发展，并持续更新升级。

农业机器人研究在美国、欧盟则相对遇冷，特别是高校的科研方向转移，农业机器人科研力量和成果下降，但在田间监测、除草等方面取得进展，在柑橘采收等方面的研究得以延续。欧洲瓦格宁根大学开展黄瓜采摘机器人的研发，并以欧盟牵头启动 Crops 项目，组织多个国家和单位围绕甜椒的机器人采收开展共同攻关；美国的采摘机器人研究陷入低谷，高校研究多数退出，主要以佛罗里达大学开展的柑橘采摘机器人、华盛顿州立大学开展的苹果采摘机器人研究为主。

（3）产业化探索期（2015 年至今）

这一阶段，全球农业机器人研究迎来大爆发。日本主要围绕温室草莓采收开展研究，并关注串番茄等的采收，草莓采摘机器人样机不断更新换代，校所企联合，持续技术升级，同时松下等企业也开始关注采摘机器人技术并着手推出样机。

国际采摘机器人发展的显著特征是，欧美以风投融资等为支撑，以初创企业为主体，迅速将采摘机器人发展推进了企业化、产品化时代。美国以大田草莓、柑橘等为主的采摘机器人技术迅速发展，以色列、澳大利亚、日本以及欧洲的部分国家等均面向甜椒的机器人采收技术加大了研发力度，中国更是全面推进，百花齐放。

面向规模化露天草莓栽培，大型、多臂式草莓采摘机器人得到发展，苹果、串番茄、猕猴桃等作物的采摘机器人研究也得到发展，Harvest Croo Robotics、Abundant Robotics、Advanced Farm Technologies、Root AI、Agrobot、RoboticPlus、MetoMotion、Dogtooth Technologies、FF-Robotics、Octinion等成为采摘机器人明星企业。田间监测、除草、无人机与地面的施药、搬运、整枝、打叶等机器人领域迅速发展，田间监测、除草、搬运、地面与无人机施药、分级分选等环节机器人进入产品化甚至大面积推广应用。在大田导航技术的发展支撑下，无人化拖拉机、移栽机、施药机、收割机技术获得了极快的发展，并迅速进入产品化。面向全封闭植物工厂的苗盘搬运、采收、喷施等机器人技术也快速发展，面向未来新型立体甚至竖直农业的机器人化装备研究也已经起步。另外，在畜禽养殖和水产养殖、捕捞领域，禽舍清扫机器人、消毒机器人、屠宰掏膛机器人、投饵机器人等都得到了快速发展。

2.3.2 高质量发展阶段（产业爆发期）

农业机器人技术是填补农业机械化空白和实现智慧农业生产的根本手段，全球经历了40年孜孜不倦的探索并徐徐打开这扇大门。中国在经历了20年的倾力研发后也来到了一个重要的历史时刻。如果将此前的全球40年、中国20年作为农业机器人发展的初级阶段的话，从量的积累到质变，今天我们即将踏入产业爆发的革命性阶段，也可称为高质量发展阶段。

这一重要判断是对事物发展规律、技术成熟度、生产需求、客观环境、产业配套等因素综合把握的结果。农业生产对机器人的需求日益刚需化，零部件已形成了良好的国产化产业配套；同时，经过不断的技术攻关和人工智能的有效赋能，过去长期困扰农业机器人的果实识别与定位、手眼协调等技术难关已实现重要突破，进一步推动农业机器人快速走出实验室进入田间。今天，在全国上百家农业机器人研发单位、团队中，约有10%具备了农业机器人系统功能实现和整机集成开发能力，约有10%具备了核心部件与算法的研发能力，头部单位（团队）引领我国农业机器人的技术攻关和装备研发快速从"功能实现"目标向"作业性能"目标跨越，研究重点也势必从"学术复杂化"向"生产问题导向"转变。

从智能农机的发展来看，我国的植保无人机仅用 5 年左右就实现了从"功能实现"的初级阶段向产业化阶段的跨越，无人驾驶农机（包括目前市场上以遥控、卫星导航技术为主的植保机器人、割草机器人等）则大约用了 10 年。与之相比，以采摘机器人为最典型代表的选择性作业机器人，尽管面对的挑战要大得多，但经过 20 年的积累，主观上具备了能力和条件，客观上也必须全面开启产业化大门，迎来以产品化面貌进入农业生产、在生产应用中快速迭代升级的新阶段（图 2.27）。

图 2.27　农业机器人发展阶段的重要跨越

2.4　农业机器人发展模式

2.4.1　全球农业机器人发展的主要模式

（1）欧美模式

欧美农业以大农场和全面机械化为核心特征，生产规模大、栽培的标准化程度高，其农业机器人产品的开发也以大型化、标准化、专用化、定制化为突出特点，农业机器人开发主体已全面从以科研单位为主转向以科技风投为支撑的初创企业为主，并形成了大型农业生产经营主体与企业研发直接对接的模式。例如，Agrobot 公司面向加州露地大规模种植草莓，研发了配置多达 24 臂的大型草莓采摘机器人（图 2.28），FFRobotics 公司的苹果采摘机器人配置多达 12 臂（图 2.29），他们均已开发出产品级系统并开展了田间验证。

但是，欧美该类大型采摘机器人难以进入我国规模偏小的果园、温室工作并良好运行，其高昂的造价和运行成本亦难以被我国偏小的经营主体、农业服务主体所接受。大型化农业机器人产品目前仅在我国少数大型化农业企业和大规模化果园、温室有推广空间。另外，欧美各类采摘机器人的开发应用均以其草莓、苹果等高度标准化、简化的栽培模式为前提，极难适用于我国分散化种植和生产环境、规格差异大的生产实际。FFRobotics公司的苹果采摘机器人面向苹果树行的墙式平面结构和果实理想化分布，其末端以直线模组的直线运动伸入冠层，仅辅以机身部位云台的有限摆动，安装布置多套大行程直线模组导致机身庞大而机械臂的运动空间严重受限，更导致末端姿态过于单一而丧失了对实际复杂树冠、挂果位姿的适应性。

图 2.28　Agrobot 的 24 臂大型草莓采摘机器人

图 2.29　FFRobotics 的 12 臂大型苹果采摘机器人

（2）东亚模式

中国、日本、韩国由于人口密集、土地资源有限，农业的经营规模普遍偏小。日本、韩国早于我国开展农业机器人的研发，特别是日本，自20世纪80年代至今，持续进行农业机器人的研发和迭代升级。从20世纪80年代一直到21世纪10年代，日本一直是全球农业机器人研发最为密集和最广泛的国家，代表了全球农业机器人技术的最高水平，特别是草莓采摘机器人、樱桃番茄采摘机器人一直有多家单位持续投入研发。

日本、韩国主要面向较小规模设施环境，走偏小型的农业机器人发展模式。在日本，京都大学、国家农业与食品研究组织（NARO）、前川制作所等针对垄作草莓和高架草莓，不断改进采摘机器人的结构，进行样机的迭代升级，宇都宫大学、宫崎大学、福冈大学、Shibuya Seiki 公司等也在持续开展相关研发（图 2.30）。另外，番茄也是日本采摘机器人研发的重点对象，日本最早的采摘机器人样机就是针对番茄所开发的，在京都大学、大阪府立大学、冈山大学、岛根大学、神奈川技术学院、大阪州立大学等多家高校的科研工作基础上，松下也推出了采摘机器人样机（图 2.31）。

由于日本农产品走高端化路线，其高收益有力助推了各界对农业机器人技术孜孜不断地追求。然而，日本以采摘机器人为代表的选择性作业农业机器人研发技术路线对成本不敏感，较难适用于我国，更为突出的是与欧美的农业机器人研发自 2015 年前后全面转向企业化、商业化相比，日本的相关研发仍主要停留在高校和少数科研单位，企业化进程明显滞后，导致机器人技术发展与机器人的作业性能、产品化形态和商业化路线结合度偏低，即使是松下的采摘机器人研发也仅停留在展示阶段，其与产业的结合度和产品化形态、性能与美国 RootAI 公司等已有明显差距。

(a) NARO研发机器人结构　　　　(b) Shibuya Seiki公司研发机器人结构

图 2.30　日本研发的设施草莓采摘机器人

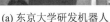

| (a) 东京大学研发机器人 | (b) 松下公司研发机器人 |

图 2.31　日本研发的设施番茄采摘机器人

2.4.2　中国特色模式

由于截然不同的农业生产经营特点，欧美大型化、方案简化一致的农业机器人技术发展模式很难为我国的农业机器人发展提供解决方案。我国的平均生产经营规模与日本、韩国较相似，但我国的农产品价格偏低、农产品种类丰富、生产模式多、标准不一等导致我国难以照搬东亚模式，而必须在多种背景因素下走出一条有中国特色的农业机器人发展之路。

著者认为，我国农业机器人发展模式应聚焦以下几个关键词。

（1）中小型化

根据我国偏小的生产、经营规模和农业生产、服务主体的承受能力，中小型农业机器人应成为我国农业机器人的明确、优先发展目标，兼顾面向现有大型化温室、果园和未来的大型机器人系统。

（2）低价化

采摘等农业机器人由于技术和系统构成复杂，往往具有价格昂贵的属性，动辄数十万元的成本价格使其很难走入我国农业生产实际。可喜的是，这一局面在当前已迎来根本改观，价格进入 20 万元甚至 10 万元以内、功能接近或类似于一台普通农机的农业机器人产品已不是梦想。

（3）高效化

作业效率是机器人作为农机形态进入农业生产的根本要求，也是其核心性能。农业机器人效率的每一点提升，都是手臂创新设计、感知、规划、导航等技术协同突破的结果，存在巨大的难度。我国农业机器人只有迎来作业效率的根本突破，才有可能被用户、生产制造厂商所接受，才有可能迎来投资、政府的认定与补贴优惠，真正获得技术与产业的发展。

（4）通用化

通用化是针对我国经营主体分散、标准不统一的实际国情所提出的最为特殊但又至为关键的要求。国外也发展了通用化的采摘机器人末端等研究，但仅限于很有限目标的结构通用。而面对我国现实国情，只有从内容上实现场景通用、部件通用、算法通用，从模块上实现手臂通用、视觉通用、底盘与导航通用，保证在更广范围内实现机器人整体技术和系统的跨果园（温室）、跨品种、跨栽培规格通用，实现跨园（棚）作业、跨经营主体作业甚至跨区域作业，保证机器人产品的快速敏捷研发制造和量产，才能真正实现农业机器人产业的大发展。

（5）"傻瓜化"

采摘等农业机器人的技术复杂、构成复杂，运行流程复杂，但对于用户而言，特别是对于目前农业劳动力紧缺、劳动力知识水平较低、专业农机操作人员更加紧缺的现状，农业机器人操作"傻瓜化"对其应用推广至关重要。"傻瓜化"意味着能够实现复杂初始化、标定、感知、控制、运行的机器人系统内部化处理，而无需用户去了解和面对，恰恰代表了更高的技术水平。

3

农业机器人技术的专利挖掘分析

3.1　农业机器人关键技术推测方法

3.1.1　关键技术基础性判定

关键技术基础性判定是指某种技术能够满足多个产品、产业需求，并且能为后续研发提供基本的技术研究基础和产业化指引。这里使用 K-核网络进行分析。K-核网络可以衡量一个子网络中所有节点联系的紧密程度及交际能力。

对农业机器人国内外专利共现网络进行 K-核运算，依据 K-核的不同，将运算结果分成 12 类。其中，最大的三个为 12-核、11-核、10-核（图 3.1）。计算中心度后的 12-核、11-核、10-核技术领域共现网络如图 3.2 所示。其中，最大核 12-核技术领域共现网络（图 3.3）是最核心的、关键的网络，在该子网络中的技术领域研发与其他技术领域研发的联系最为密切——共现次数为 12 次及以上。

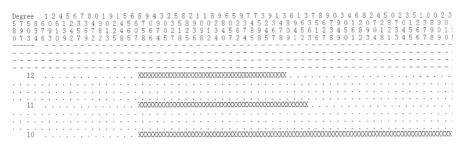

图 3.1　12-核、11-核、10-核分类结果

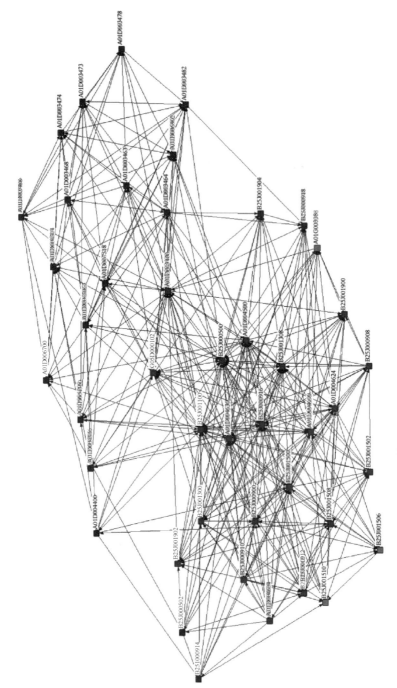

图 3.2 计算中心度后的 12-核、11-核、10-核技术领域共现网络

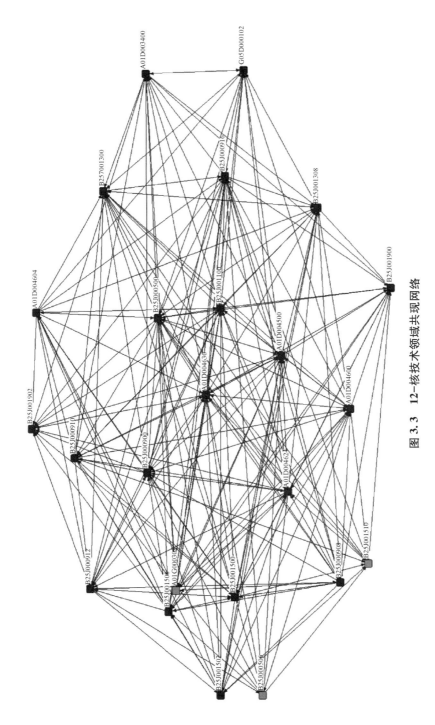

图 3.3　12-核技术领域共现网络

从图 3.3 中可看到，12-核技术领域共现网络主要集中在 B25J、A01D 两大技术领域。12-核技术领域共现网络图中前 10 技术领域如表 3.1 所示。该网络中节点大、连线最多，说明这些技术中心度较大，且两两共现次数多、关系密切。因此，可初步认为这些技术领域的技术可能是农业机器人的基础性技术。

表 3.1　12-核技术领域共现网络图中前 10 技术领域

序号	技术领域号	相应解释
1	B25J500	装在车轮上或车辆上的机械手
2	B25J1100	其他机械手，手套式操作箱
3	A01D4630	用于分别采摘作物的自动装置
4	A01D4500	生长作物的收获（A01D 44/00 优先；用于特种作物的脱粒机械、用于特种作物的联合收割机的脱粒装置入 A01F 11/00）
5	B25J900	程序控制机械手
6	A01G308	其他修剪、整枝或立木打枝工具
7	B25J916	程序控制（全面生产控制，即集中控制多台机器入 G05B 19/418）
8	B25J1308	观察或触摸装置
9	A01D4600	水果、蔬菜、啤酒花或类似作物的采摘；振摇树木或灌木的装置
10	G05D102	陆地、水上、空中或太空中的运载工具的位置、航道、高度或姿态的控制，例如自动驾驶仪（无线电导航系统或使用其他波的类似系统入 G01S）

3.1.2　关键技术传播性判定

关键技术通常可以应用到多领域和产业界的研发活动中，其传播效应特别明显。利用 SPLC（search path link count，搜索路径链接数）路径分析法计算获取技术发展轨道，可以揭示该技术在不同领域的应用和扩散。

（1）基于共类网络的农业机器人领域技术路径识别

专利分类代码是专利文献分类和检索的重要依据，通过专利分类号共类网络的研究，可以分析专利所涉及技术领域之间的联系及变化趋势，获取不同技术领域之间的融合区域，为领域技术发展提供依据。

（2）基于 IPC 的农业机器人技术主路径识别

国际专利分类（IPC）表是根据 1971 年签订的《国际专利分类斯特拉斯堡协定》编制的，是唯一国际通用的专利文献分类和检索工具。农业机器人领域共涉及 IPC 分类号 6632 个，图 3.4 为农业机器人领域 IPC 节点度出现频次大于 100 的分类号共类网络。从图中可以看出，农业机器人领域专利主要集中在 A01C（种植、播种、施肥）、A01D（收获、割草）、B25J（机械手、装有操纵装置的容器）、G05D（非电变量的控制或调节系统）、A01G（园艺；蔬菜、花卉、稻、果蔬、葡萄、啤酒花或海菜的栽培）。这表明，在农业机器人领域的关键技术中，面向农业生产的耕、种、管、收环节的机械装置及相应的控制或调节系统是机器人技术研发的热点。

根据 IPC 分类号共类网络，表 3.2 为共类节点度大于 50 的分类号组合。从表中可以看出，农业机器人涉及的技术领域包括农艺生产（A01）、机械手（B25）和控制与调节（G05）领域的融合，也就是农业机器人的技术发展包括农机与农艺的融合、机电控制的融合。根据表中各领域之间的合作，基于主路径识别方法，农业机器人技术路径为：针对不同作业对象〔如园艺作物、蔬菜、果蔬、花卉栽培（A01G）〕和作业过程〔如种植、播种和施肥（A01C）、收获或采摘（A01D-046/30）、割草（A01D-034/00）、移动灌溉（A01G-025/09）〕，通过对移动机械手（B25J-005/00）、末端执行器（B25J-015/00）及其控制器（B25J-011/00）、感知设备（B25J-019/02）与程序控制方法（B25J-009/16）的设计，实现对机器人作业过程的位置控制（G05D-001/00）和自动行走控制（G05D-001/02）。

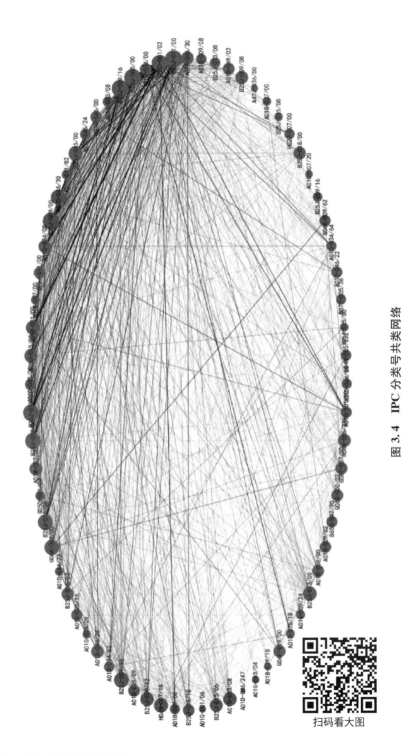

图 3. 4　IPC 分类号共类网络

扫码看大图

表 3.2　基于 IPC 共类分析的关键技术路径

序号	分类号 1	技术领域	分类号 2	技术领域	共类次数
1	A01D-034/00	割草机；收割机的割草装置	G05D-001/00	陆地、水域、空中或太空载具的位置、航线、高度或姿态控制，例如自动驾驶仪	50
2	A01D-034/00	割草机；收割机的割草装置	G05D-001/02	二维位置或航线控制	260
3	A01D-046/30	单独采摘作物的机器人装置	B25J-015/00	抓取头	54
4	A01G-025/09	移动灌溉装置	A01G-025/16	灌溉控制	52
5	B25J-005/00	安装在轮子上或车辆上的机械手	B25J-009/16	程序控制	74
6	B25J-005/00	安装在轮子上或车辆上的机械手	B25J-011/00	未特别规定的机械手	114
7	B25J-005/00	安装在轮子上或车辆上的机械手	G05D-001/02	二维位置或航线控制	56
8	B25J-009/00	程序控制的机械手	B25J-009/16	程序控制	51
9	B25J-009/16	程序控制	B25J-019/02	感应装置	64
10	B25J-011/00	未特别规定的机械手	A01D-046/30	单独采摘作物的机器人装置	80
11	B25J-011/00	未特别规定的机械手	B25J-009/16	程序控制	134
12	B25J-011/00	未特别规定的机械手	B25J-015/00	抓取头	53
13	B25J-011/00	未特别规定的机械手	B25J-019/00	程序控制的机械手	50
14	B25J-011/00	未特别规定的机械手	B25J-019/02	感应装置	72
15	G05D-001/02	二维位置或航线控制	G05D-001/00	陆地、水域、空中或太空载具的位置、航线、高度或姿态控制，例如自动驾驶仪	105

根据表3.2的主要技术路径，基于SPLC算法对农业机器人领域的主路径进行了识别，识别结果如图3.5所示。在农业机器人领域，对割草机器人（A01D-034/00）和采摘机器人（A01D-046/30）的开发是热点。对于采摘机器人，以末端执行器（B25J-015/00）为核心，进行行走机构（B25J-005/00）、控制器（B25J-011/00）、感知设备（B25J-019/02）和程序控制器（B25J-009/16）的开发与应用，并通过行走机构实现对机器人的位置控制（G05D-001/02）。对于割草机器人，由于其作业过程主要涉及行走机构（B25J-005/00），因此其主要路径为用于除草的行走机构及其相应的位置控制方法（G05D-001/02）。

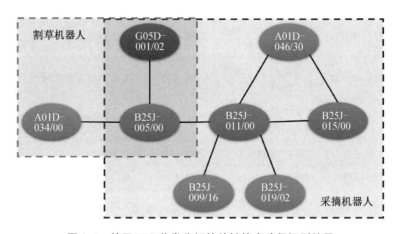

图3.5　基于IPC共类分析的关键技术路径识别结果

（3）基于德温特手工代码共类网络的农业机器人技术路径识别

农业机器人领域共涉及德温特手工代码（MC）分类号4644个，表3.3为农业机器人领域德温特手工代码出现频次前30的分类号。从表中可以看出，与IPC分类号相类似，农业机器人领域专利主要集中在P11（土壤作业、种植）、P12（收获）、P13（植物培养、乳制品）、P62（手工工具、切割）、T01（数字计算机）、T06（过程与机械控制）、X25（工业电子设备）等领域。其主要目标是为农业种植、收获等过程提供作业设备，并利用数字计算机和工业电子设备实现农业机器人作业过程和机械的控制。

表 3.3　频次前 30 的农业机器人领域德温特手工代码分布

序号	手工代码	节点度	序号	手工代码	节点度
1	P62-E	1539	16	P11-T99	328
2	P62-U05	1173	17	P13-A06	320
3	P12-A02	1090	18	A12-W04	311
4	P12-E01	972	19	T01-J07D1	289
5	T06-D07B	953	20	X25-A03F	285
6	P62-F	828	21	P12-E02	269
7	X25-N01	777	22	P12-T99	261
8	X25-A03E	694	23	T01-J10B2	260
9	P12-E03	670	24	T06-D01	250
10	T01-J07B	611	25	A12-H	239
11	T06-B01A	537	26	X25-N01A	228
12	P13-A07	508	27	P11-C04	204
13	T06-D01A	446	28	W05-D08C	193
14	P62-D02	366	29	T01-S03	184
15	P13-A04	357	30	Q35-B	181

　　图 3.6 为选取频次大于 100 的德温特手工代码构建的农业机器人共类网络。根据对图中的共类网络的分析，表 3.4 为共类次数大于 50 的分类号组合。从表中可以看出，农业机器人技术领域的技术路径为针对农业作业过程［如土壤处理和种植（P11-C04、P11-T99）、果蔬等作物收获及除草（P12-A02、P12-E01、P12-T05）、田间管理（P13-A04、P13-A07、P13-A06）和农业作业场景（P62-U05）］，开发机器人行走装置（P62-U03）、末端执行器（P62-D02）和相应的机械设备（A12-H），通过传感器等感知设备（P62-F）、计算机控制系统（X25-A03F）实现机器人的位置控制（T06-B01A）、操纵器控制（T06-D07B），实现农业机器人的控制（T01-J07B）。

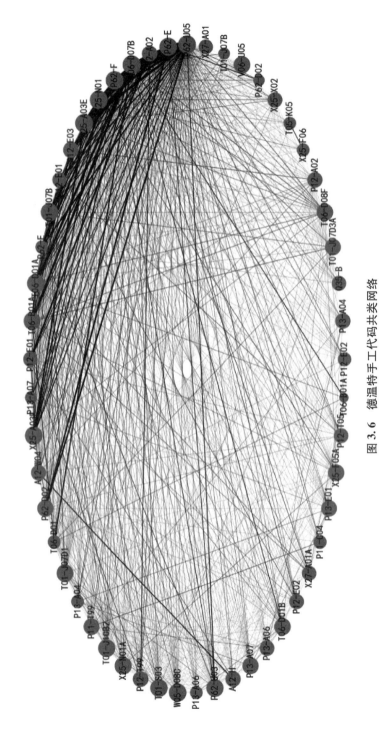

图 3.6　德温特手工代码共类网络

表3.4　基于德温特手工代码分析的关键技术路径

序号	手工代码1	手工代码2	连接数	序号	手工代码1	手工代码2	连接数
1	P12-T05	P62-U03	599	16	P12-T99	P13-A06	77
2	P12-E01	X25-A03F	546	17	P12-E01	P62-D02	70
3	P12-T05	T01-J07B	285	18	P13-A04	T06-D01B	70
4	P12-E01	P13-A06	284	19	P13-A04	P13-A04	68
5	P12-T05	T06-D07B	275	20	P11-C04	P62-D02	65
6	P12-E01	P12-E02	172	21	P13-A07	P62-U05	65
7	P12-T05	T06-B01A	148	22	P12-E02	P12-E03	62
8	P62-F	T01-S03	143	23	P12-A02	P62-E	59
9	A12-H	P62-U03	136	24	P12-E01	T06-D08F	59
10	P11-T99	P13-A04	136	25	P13-A06	P62-D02	59
11	P12-E01	P12-T05	131	26	P13-A07	T06-B01A	57
12	P12-T99	Q35-B	128	27	P12-E02	P13-A07	53
13	P12-E01	T01-J07B	112	28	P62-U05	T06-D01B	53
14	P12-E01	T06-D01	111	29	P13-A06	P13-A07	52
15	P12-E01	X25-F06	78	30	P12-A02	T06-B01A	50

图3.7为基于德温特手工代码共类分析的关键技术路径识别结果。从图中可以看出，农业机器人主路径为：以果实和坚果为作业对象（P12-E01），进行农业机器人行走机构（T06-D08F、P62-U03）、水分管理（P13-A06）、作业装备（P12-T05）、分级（X25-F06）、末端执行器（P62-D02）以及自动控制（X25-A03F）、计算机控制（T01-J07B）等关键技术研究，实现栽培管理（P11-C04）、灌溉和施肥（T06-D01B）、植物保护（P13-A04）、采摘作业（P12-A02）。其中，机器人的行走系统开发和果蔬采摘机器人控制为研究热点。

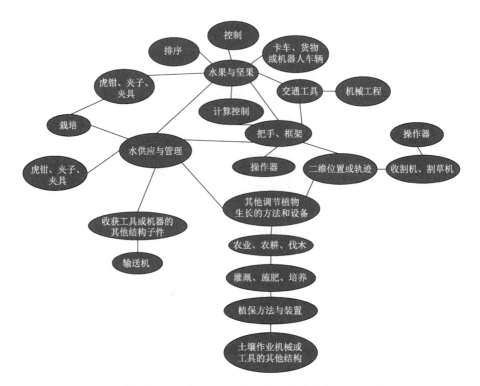

图 3.7　基于德温特手工代码共类分析的关键技术路径识别结果

3.1.3　关键技术协同性识别

若某项技术与很多技术相关联，那么该技术在很多相关领域具有适应性。这是关键技术的一个重要指标，在社会网络分析中的表示方式就是中心度指标分析。

节点的度数中心度（degree centrality）分为绝对中心度和相对中心度。度数中心度越高，节点间关系越密切，拥有更多的核心权力。在有向网络中，度数中心度又分入度中心度（in-degree centrality）和出度中心度（out-degree centrality）。专利作为节点，入度中心度是专利被引数，出度中心度是专利引用其他专利数。相对中心度是节点的绝对中心度与该网络中图点可达的最大度数之比。

在专利引用网络中，度数中心度的出度中心度和入度中心度分别代表专利间的引用和被引用关系。本书的出度中心度反映了专利被其他专利引用的情况，更能反映该技术的关键性，如表 3.5 所示。

表 3.5 被引用次数排名前 20 的专利及其出度中心度

序号	专利号	出度中心度	标准化出度	序号	专利号	出度中心度	标准化出度
1	US1996766486A	485	0.014	11	US1991678009A	142	0.004
2	US2001988592A	395	0.011	12	US2006380903A	136	0.004
3	US2006515573A	327	0.009	13	US20049909A	133	0.004
4	US1981323395A	277	0.008	14	US2008329930A	127	0.004
5	US2001940388A	235	0.007	15	CN200810024764A	116	0.003
6	US2000514475A	218	0.006	16	US2010898157A	113	0.003
7	US2006354548A	205	0.006	17	US13254761A	110	0.003
8	US200561024A	195	0.006	18	US1982339426A	109	0.003
9	US2002228248A	167	0.005	19	US1983537833A	109	0.003
10	US1990503758A	160	0.005	20	US2001988642A	109	0.003

3.2 农业机器人专利数据库

3.2.1 农业机器人专利总体数据

（1）编制检索策略和开发专利检索式

在编制检索策略前，首先，通过调研农业机器人产业和分析农业机器人领域非专利文献，提炼技术背景、技术要点、技术发展状况；其次，初选关键词和分类号，在德温特专利数据库中检索，从检索结果中去除噪声与不重要或不相干的专利，增补筛选遗漏关键词和分类号；再次，通过专家座谈会和电话采访，最终确定农业机器人关键词和分类号；最后，补检合并初检结果与补检结果[4, 5]。

本书结合关键词、IPC 分类、德温特手工代码等方法进行专利检索和数据采集，共得到与农业机器人相关专利 9042 件。

（2）专利申请趋势

图 3.8 为农业机器人领域专利申请情况，早在 80 年前已出现了农业机器人方面的首件专利申请[4]，但由于应用背景的不成熟和技术水平限制，经过漫长的孕育阶段[4, 6]，直至 20 世纪 80 年代才进入农业机器人专利增长期。如果说 20 世纪 80 年代至 21 世纪 10 年代的 30 年是农业机器人技术稳

步积累和专利稳定增长期的话，2010 年以来则进入了农业机器人领域发展高速和不断加速的跃升期，农业机器人专利申请量呈现爆发式增长。目前每年的各类专利申请总量超过 1000 件，表明农业机器人研发在经过长达70~80 年的预热、加温后，已达沸点，农业机器人正迎来大爆发时刻。

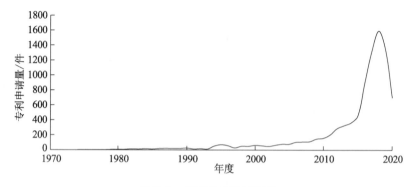

图 3.8　专利申请数量变化

同时，农业机器人专利的授权比重也趋于稳定，几年来总体稳定在35%左右，表明相关专利的技术创造性、可行性趋于稳定，农业机器人整体技术发展已经渡过初期无序化阶段。然而，农业机器人专利的授权比重总体偏低，专利的整体创造性和创新度仍然需要提升，在农业机器人专利申请的主要国家——中国的专利审查不断收紧后，授权比重可能进一步走低。

3.2.2　农业机器人技术来源与专利流向全球特征数据

（1）农业机器人专利申请量的全球区域差异

从农业机器人专利的来源与目标区域来看（图 3.9），中国占据极为重要的地位。来源于中国和目标市场为中国的农业机器人的专利申请量超过了 2000 件，全球的比重达到 2/3。根据全球各区域的农业机器人专利申请走势和谌凯研究中前五大优先权国专利族年度分布[6]，并结合科技部十三五《农业领域技术预测国内外技术竞争综合报告》中的中-外农业机器人专利申请量的变化趋势，可以看出，中国、美国、日本是农业机器人专利领域的 Top3，在 20 世纪，发达国家特别是日本，是农业机器人专利申请方面的绝对巨头，但整体数量仍处于偏低的起步阶段。进入 21 世纪，中国的农业机器人专利申请起步即领先并不断扩大领先优势。特别是 2010 年后，尽管美国、日本的专利申请量也明显增长，但中国的专利申请量一跃达到每年 400~500 件，10 倍甚至数十倍于其他主要国家和地区，并且可以预见，在未来相当长时间内这一趋势将长期保持。

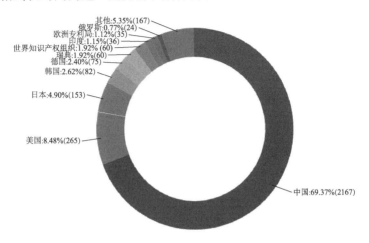

(a) 技术来源国/地区排名

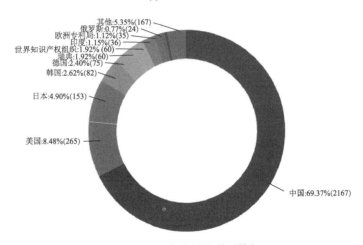

(b) 目标市场国/地区排名

图 3.9　农业机器人专利的来源与目标区域

（2）农业机器人专利流向的全球区域差异

从全球农业机器人专利流向图（图 3.10）中可以看出，农业机器人专利技术从中国流向美国的有 3 件；而从美国流向中国的有 1 件，流向欧洲的有 3 件、日本有 7 件、韩国有 6 件；从欧洲流向美国的有 27 件，流向日本的有 4 件、韩国有 11 件。从中发现，各主要国家的专利申请主要面向本国，但美国在全球各洲、主要区域和国家都有一定布局，而中国在专利总量占全球2/3的超大比重下，在国外的布局却几乎可以忽略不计。专利的国际布局从一定程度上说明，申请人对其农业机器人专利的技术可实现性和潜在价值的高度自我认可，从而有意愿主动开展全球布局。我国农业机器人的全球布局偏弱，也反映出我国农业机器人专利主要来自高校和实验室。

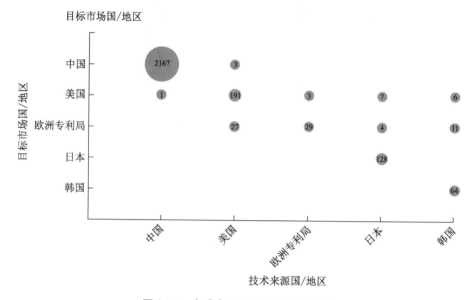

图 3.10　全球农业机器人专利流向图

（3）我国农业机器人专利的省际分布数据

在我国农业机器人专利申请量上，江苏省高居首位，浙江、广东、北京、陕西、山东等省（直辖市）紧随其后。图3.11为我国农业机器人专利申请的省际分布情况（2001—2020年）。

在农业机器人的专利申请中，江苏的榜首地位毋庸置疑，江苏的农业装备研发整体优势凸显。江苏农机企业数量和农机工业产值仅屈居山东，位居第2，而以江苏大学、南京农业大学、江南大学、南京林业大学、扬州大学以及农业农村部南京农业机械化研究所、江苏省农业科学院等为主构成的农业机器人研发力量，其整体规模和实力毫无疑问为全国龙头。

浙江紧随其后，以浙江大学、浙江理工大学、浙江农林大学、浙江工业大学等为主构建的农业机器人研发整体力量强劲，同时以杭州、宁波为首的城市以其创新活力和创新活跃度有力推动了农业机器人的研发。

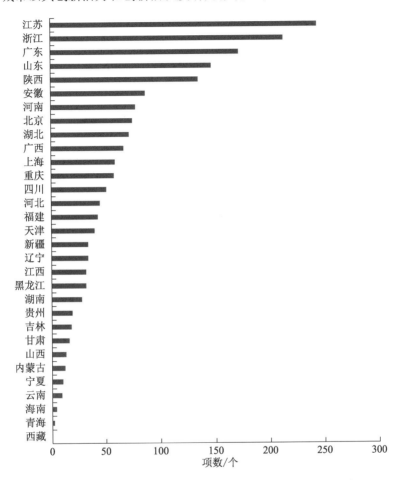

图 3.11 我国农业机器人专利申请的省际分布（2001—2020 年）

广东近些年的上升势头明显，其专利量已快速追平浙江，令人瞩目。近些年广东围绕甘蔗、荔枝、菠萝、香蕉等热带特色农业产业大力推动农业机器人研发，广东省深圳、广州中心城市政府的扶持力度巨大，华南农业大学、仲恺农业工程学院、广东海洋大学、中国热带农业科学院等组成了较强的农业机器人研发整体力量。

3.2.3 农业机器人专利的热点组织数据

（1）各组织的农业机器人专利申请情况

图 3.12 为专利申请量在前 30 位的组织。从图中可以看出，在排名前

10 的单位中，中国的西北农林科技大学、江苏大学和中国农业大学分别位于第 1、第 3 和第 7 位，其余均为企业，其中瑞典富世华、日本井关、美国迪尔农机公司分列第 2、第 3 和第 10 位。而电子产业相关公司，如日本索尼（Sony）、韩国 LG 和美国通用（GM）等均在农业机器人领域有相关专利布局。在排名前 30 的单位中，中国的高等学校占了 14 家，而企业仅有 2 家。这表明目前中国的农业机器人领域发展主要集中在科学研究领域，距离产业化发展还有一定的距离。

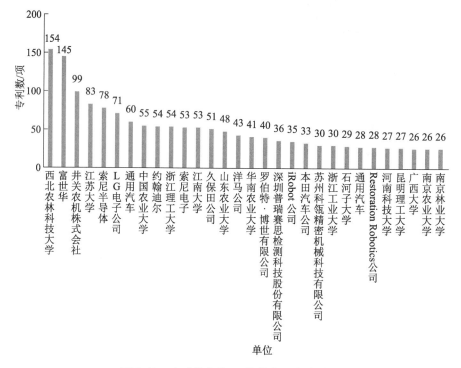

图 3.12　全球排名前 30 位的专利申请单位

（2）各组织的农业机器人专利维持情况

另一项值得关注的指标是各组织的专利维持情况。专利维持年数偏低主要出于两方面原因：其一是专利申请未获得授权，不发生持续缴纳年费进行维持的情况；其二是申请人对专利的技术水平和预期价值的评估偏低。根据谌凯的数据[6]，农业机器人专利申请量排名前列的各高校中，中国农业大学维持时间大于等于 5 年的专利数和占比均居于首位，江苏大学紧随其后。从高维持专利的平均维持时间来看（图 3.13），江苏大学的平均维持时间为 6.6 年，中国农业大学为 6.2 年，继续居于领先。专利的高维持率和高维持年数，以及较早的专利授权时间，既表明其较高的专利授权率，也说明江苏大学、中国农业大学在农业机器人领域开展研究和诞生成果最早，无效专利、低价值专利的比例最低，在该领域处于最先起跑和持续领跑地位。

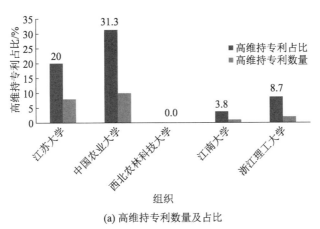

(a) 高维持专利数量及占比

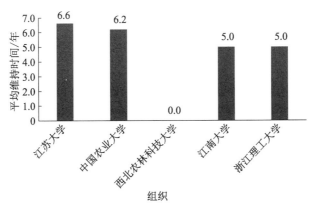

(b) 高维持专利的平均维持时间

图 3.13　国内主要高校的专利维持情况

（3）各组织的农业机器人专利重点领域差异

各组织的农业机器人专利申请布局重点领域与其学科、科研的实力和历史优势相关，并在很大程度上取决于热点专家与团队的研究表现。以国内主要高校为例：

中国农业大学、江苏大学与西北农林科技大学采摘机器人专利申请优势突出，其中，中国农业大学是我国采摘机器人研究开展最早、技术积累最雄厚的高校，其研究力量主要分布于工学院、信息与电气工程学院，张铁中、徐丽明、刘刚等团队均作出了重要贡献，主要作业目标包括草莓、番茄、黄瓜、苹果等，李伟团队更成为我国该领域的代表力量之一。同时，中国农业大学一直引领我国农业工程学科的发展，在植保机器人、田间作业机器人等领域也表现突出，整体实力不容置疑。

江苏大学基于学校工科基础，具有跨农机、机械、控制、食品工程等大农业工程学科优势，重点在采摘机器人领域开展研究，研究力量主要分布于农业工程学院、电气信息工程学院、食品与生物工程学院，刘继展、赵德安、蔡建荣等团队开展了大量、连续的研究，作业目标覆盖番茄、柑橘、苹果、葡萄等，形成了强大的成果群。同时，江苏大学在植保机器人、田间作业机器人以及无人化作业领域均显示出明显的优势。

江南大学的食品学科历史悠久，其食品科学与工程专业排名世界第一，在分级分选机器人的专利申请领域一枝独秀。

西北农林科技大学的崔永杰、杨福增、傅隆生等则主要围绕西北特色猕猴桃和苹果产业形成了采摘机器人研究的显著优势。

3.2.4　农业机器人专利的热点专家数据

（1）各专家/团队的农业机器人专利申请情况

农业机器人专利的热点专家为在该领域申请专利量位居前列的专家。国内西北农林科技大学的刘利、史颖刚、崔永杰、杨福增表现亮眼，位居全球前10，淄博职业学院的聂海燕、郭志东高居第5、第6位，著者刘继展位居第9，结果如图3.14所示。

这一结果与谌凯的结果呈现一定差异。在谌凯的研究中，国内专家团队中，江南大学章军和江苏大学刘继展位居中国高校学者前二，浙江理工大学武传宇、西北农林大学王元杰、中国农业大学李伟紧随其后。造成这一差异的主要原因有：

① 统计口径差异。谌凯的研究中将食品业的分选、包装等处理纳入农业机器人领域，而本研究根据惯用的农业、食品业的界限划分，将农产品初加工之前的环节归为农业领域，而进入食品加工的环节则不计入内。

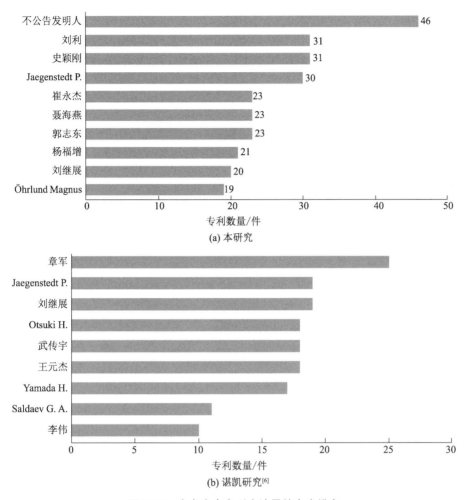

图 3.14 本书中高专利申请量的专家排名

② 统计年限范围。本研究的统计时限为 2001 年 1 月—2020 年 10 月，而谌凯研究的统计时限则为 1962 年—2015 年 5 月，未反映近 5 年来的专利申请情况。

③ 本研究以发明人出现的频次来进行统计，而谌凯研究则以研究团队来进行统计，如刘利、史颖刚、崔永杰为同一团队，郭志东、聂海燕为同一团队，杨福增、王元杰为同一团队，他们在多个专利中同时出现，这一点谌凯研究具有更多的合理性。

（2）各组织的农业机器人专利维持情况

专利申请结果与授权和高维持时间结果结合，可进一步反映专家在农业机器人专利领域的实际贡献和影响。根据谌凯的统计结果（图3.15），在高维持时间专利的主要发明人方面，著者团队高居第1位，中国农业大学李伟团队紧随其后，表明这两个团队在该领域居于领先地位。而同来自江苏大学的3个团队和同来自中国农业大学的3个团队入围前九，则进一步证实了江苏大学和中国农业大学在农业机器人领域研发力量的厚实度和整体优势。

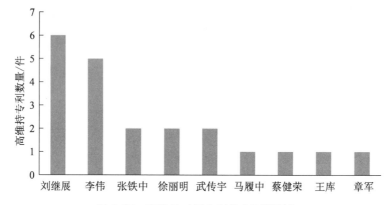

图3.15 高维持时间专利的主要发明人

不同省份的企业农业机器人专利申请的活跃度和贡献也有较大差异。江苏企业在农业机器人技术研发与专利布局方面同样活跃。从申请农业机器人专利的企业数和企业的农业机器人专利总数来看（图3.16），江苏同样处于领先地位，相关企业数达到57家，申请了超过90项相关专利，分布于苏南、苏中、苏北各个区域，涉及机器人、机械制造、自动化与智能等企业，也有多家农场、农业合作社等新型经营主体。近年来广东在这方面的上升速度加快，其中企业贡献巨大，特别是深圳、广州的企业表现突出，以各类科技公司为主体，共有39家企业申请了80项相关专利。值得关注的是，安徽企业创新表现亮眼，集国家创新型试点城市、国家系统推进全面创新改革试验区、国家自主创新示范区等于一身的"创新之都"——合肥的创新力和引领效应开始显现。

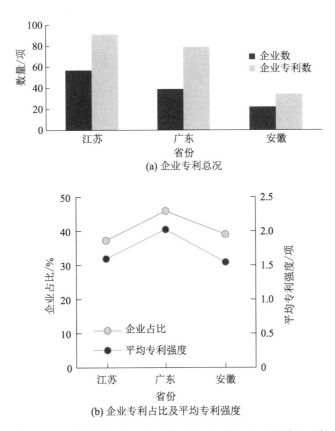

(a) 企业专利总况

(b) 企业专利占比及平均专利强度

图3.16 我国主要省份农业机器人专利申请的企业化情况比较

从企业的农业机器人专利占比和企业平均专利强度来看，广东已超过江苏处于领先地位，其企业专利占比超过45%，而企业平均专利强度也超过2项/家，其中人工智能领域初创公司深圳普思英察科技有限公司申请的农业机器人专利达19项，代表了我国农业机器人未来发展的趋势。在相关高校、科研院所数量和实力显著超越广东的前提下，江苏应进一步加强农业机器人产业培育与产学研深度融合的紧迫感，充分发挥南京国家农业高新技术产业示范区、南京国家现代农业产业科技创新示范园区、苏南现代化建设示范区、苏南国家自主创新示范区以及全国最大机器人生产基地的效应，加速农业机器人创新与产业的快速发展。

4

国外农业机器人产业

4.1 国外农业机器人

4.1.1 整体市场规模

近年来，欧美发达国家不断加大对农业机器人研发的投入力度，在除草机器人、自主移动大田管理机器人等方面发展迅速，农业机器人创业公司如雨后春笋般成立，农业机器人市场迎来更大的发展机遇。根据国际机器人联合会（International Federation of Robotics，IFR）数据，2021年全球服务机器人销售额增长37%，其中物流、酒店、医疗、专业清洁和农业机器人销量分别位列前五。另据 Mordor Intelligence 预测，全球农业机器人市场规模估计在2024年为149.7亿美元，预计到2029年将达到277.1亿美元，在预测期间（2024—2029年）以13.10%的复合年增长率增长[①]。从全球农业机器人市场增长区域分布来看，亚太市场被一致认为是未来农业机器人市场增长率最高的地区，主要原因是亚太地区发展中国家众多，人口密度大，农业机械化起步晚，对农业机器人的需求持续扩大。因此，亚太地区将成为未来全球农业机器人市场的主要增长点。

4.1.2 明星企业及其布局

全球农业机器人领域的明星企业主要分布在美国、加拿大、英国、德国、西班牙等发达国家，尤其美国最多，如表4.1所示。

---

① 数据来源：Modor Intelligence. Agricultural robots market size：Industry report on share，growth trends & forecasts analysis（2024–2029）［EB/OL］.［2024–07–10］. https：//www.mordorintelligence. com/industry-reports/agricultural-robots-market.

表 4.1　全球农业机器人明星企业分布情况

序号	公司名称	公司 logo	公司总部	成立时间	主营业务范围
1	Lely		荷兰	1948	全球奶农自动化系统
2	DeLaval		瑞典	1883	自动挤奶设备、畜群管理、动物喂养和粪便处理系统
3	Clearpath Robotics		加拿大	2009	无人驾驶车辆机器人
4	Autonomous Solutions Inc		美国	2000	移动机器人
5	AGCO		美国	1990	拖拉机、联合收割机、自走式喷雾器、干草工具、饲草设备，以及谷物储存和蛋白质生产系统
6	Autonomous Tractor Corporation		美国	2012	自动拖拉机
7	Deepfield Robotics		德国（Bosch）	2014	多功能农业机器人 BoniRob
8	John Deere		美国	1837	工程机械、农用机械和草坪机械等设备制造
9	Harvest Automation		美国	2009	物料搬运机器人
10	Robotics Plus		新西兰	2016	专注机器人控制、算法和人机交互等智能机器人系统解决方案
11	Agrobot		西班牙	2009	草莓采摘机器人、昆虫真空机器人

序号	公司名称	公司 logo	公司总部	成立时间	主营业务范围
12	MetoMotion		以色列	2016	GRoW 机器人系统（温室农业机器人系统）
13	FFRobotics		以色列	2014	水果（如柑橘、苹果、梨、桃子和樱桃）收获机器人、FFRobot
14	Fieldwork Robotics		英国	2016	果蔬（树莓/花椰菜）采摘机器人
15	Organifarms		德国	2019	草莓采摘机器人
16	Abundant Robotics		美国	2016	苹果采摘机器人
17	Advanced Farm		美国	2017	草莓收割机
18	Harvest CROO Robotics		美国	2013	草莓采摘机器人
20	Burro（Augean Robotics）		美国	2017	Burro 机器人（协作式农业机器人）
22	Tortuga AgTech		美国	2016	草莓采摘机器人

4.2 国外农业机器人产业现状

4.2.1 设施园艺作业机器人

4.2.1.1 设施园艺采收机器人

农业机器人产业是全球最具活力的战略新兴高技术产业，采收机器人是机器人技术在果蔬采收中的应用。随着复杂农业对象与环境的广泛适应性、无损保鲜生产和高效率采收技术需求等更高需求的提出，采收机器人已成为全球机器人发展的热点，采收机器人的研发已在全球形成热潮。根据大规模果蔬生产的特点，美国和部分欧洲国家以大型化、多部件同时选择性作业机器人研发为主要目标，首要作业目标聚焦于果实采收效率与产量，对果品品质要求不高，以如何实现高速采收集约化这一基本问题优化农业采收机器人核心技术与农艺栽培模式。而日本和部分欧洲国家则针对较小规模、设施果蔬生产的特色，聚焦小型化选择性作业机器人的研发，以精细农业标准，注重果品品质，由此其采摘机器人核心技术问题在于精准性，对视觉识别精度与采摘、导航精度需求极高。

美国、英国、以色列等国家已深耕该领域数十年，形成了大量智能农业企业，且研究战线快速从实验室向生产延伸，目前已有 Abundant Robotics、FFRobotics 等企业进行产品研发与推广使用，并已形成一定规模，在全球范围内产生重要影响，如表 4.2 所示。

表 4.2　国际著名采收机器人公司

公司名称	国家	成立时间/年	总融资金额/美元	徽标
Abundant Robotics	美国	2016	1200 万	
Agrobot	西班牙	2009	/	
Dogtooth	英国	2014	7.6 万	
FFRobotics	以色列	2014	120 万	
Four Growers	美国	2017	130 万	
MetoMotion	以色列	2016	110 万	
Root AI	美国	2018	230 万	
Robotics Plus	新西兰	2016	1000 万	

Abundant Robotics 由 Curt Salisbury、Dan Steere 和 Michael Eriksen 2016 年成立于美国加州硅谷。他们生产的苹果采摘机器人利用负压吸附采摘苹果（图 4.1）。2017 年 5 月，Abundant Robotics 公司完成了由 GV（谷歌风投）领投的 1000 万美元的 A 轮融资。2019 年，Abundant Robotics 公司与新西兰最大的苹果种植商之一 T&G Global 合作，进行小规模商业试验。该公司于 2021 年遇到财务困难，但这并没有吓跑产品开发孵化器 Wavemaker 实验室，现该公司已被重新命名为 Abundant Robots。

图 4.1　Abundant Robotics 公司苹果采摘机器人

Agrobot 公司利用人工智能技术和红外线传感系统，推出了高度自动化的草莓采摘机器人（图 4.2）。该机器人拥有三维空间识别能力，通过视觉系统可以辨别尚未成熟的果实，通过 24 个机械臂同时工作可以精准采摘成熟草莓，并且它并非只适用于单一种植场景，无论是露地生产还是温室种植，其均可进行采摘。

图 4.2　Agrobot 公司 24 臂草莓采摘机器人

Dogtooth 是一家总部位于剑桥的科技初创企业，主要研发用于采摘水果的智能机器人（图 4.3）。

图 4.3　Dogtooth 公司双臂草莓采摘机器人

FFRobotics 公司推出的多水果采摘解决方案结合了机器人控制、快速准确的图像处理以及先进的算法技术，可区分和采摘农产品，其采摘机器人是完全自动化的，易于使用和维护，精确采摘效率是人工的 10 倍（图 4.4）。

图 4.4　FFRobotics 公司苹果采收机器人

Four Growers 公司利用机器视觉工具和机器人技术，开发用于温室种植的自动采摘和分析系统。其团队为机器人开发了独特的视觉系统和人工智能算法，目前正在研发番茄采摘机器人，并将在温室进行测试。

MetoMotion 公司开发了专门用于温室番茄自动采摘的多功能机器人系统 GRoW（图 4.5），该产品可减少 50% 的劳动力成本。

图 4.5　MetoMotion 公司串番茄采摘机器人

Root AI 公司是美国一家智能农业机器人研发商，旗下产品 Virgo 1 号可以实时检测果实成熟度，进行轻柔触碰摘取、三维导航智能移动（图 4.6）。利用人工智能技术，Virgo 1 号能自动识别西红柿的成熟度，并能熟练、轻巧地采摘西红柿。这款机器人因前端安装有传感器和照相机，故采摘过程中可自动行驶。

图 4.6　Root AI 公司番茄采摘机器人

Robotics Plus 公司作为一家农业自动化系统与农业机器人制造商，所推出的 4 臂猕猴桃采摘机器人（图 4.7）已在新西兰部分猕猴桃园完成采摘生产应用，于 2018 年前后获得雅马哈公司 1000 万美元投资。

图 4.7　Robotics Plus 公司 4 臂猕猴桃采摘机器人

4.2.1.2　设施园艺施药机器人

从世界范围来看，美国、日本及西欧等国的智能施药技术和装备在国际上处于领先水平，美国和日本等国早已解决了人机分离的问题，将产品的创新方向转到利用树形冠层感知、雾滴沉积分布规律、病虫害区域精准识别定位等节约用药的关键技术上，进而指导施药技术和机具的创新，如静电喷雾机器人和对靶变量喷雾机器人等（图 4.8）。

国际上农业机器人创新主体已由科研单位转向企业。美国 ESS 公司将静电喷雾技术应用于果园施药，通过控制雾滴粒径并使之带上电荷提高药物吸附力，使农药利用率达到 60% 以上。巴西 Solinftec 公司于 2020 年完成了 6000 万美元的 B 轮融资，通过与 ALICE 人工智能平台合作，发布了一款施药机器人，可以完成杂草、疾病、害虫的识别并提供自主和可持续的点状药物喷洒，该施药机器人在加拿大萨斯卡通的斯通农场完成了性能验证，已于 2023 年推向市场。

(a) 仿形静电喷雾施药机器人　　　　　　(b) 对靶喷雾施药机器人

图 4.8　部分国外先进施药机器人

4.2.1.3 设施园艺除草机器人

目前国外除草机器人的前沿应用产品聚焦于微耕除草和选择性株间除草领域。法国 Naïo Technologies 公司基于高精度 RTK 定位和机器视觉技术，搭配各种末端执行器，开发了一种适用于多种蔬菜和经济作物的高精度微耕除草机器人，一天可完成 3~5 hm² 的杂草清除工作，其主体和可搭载的末端执行器如图 4.9 所示。目前该公司在西欧、北美地区和亚洲的日本部署了 150 个机器人，已获得超过 5000 万美元的融资，计划在 2025 年前突破部署 1000 个机器人的大关。

(a) 机器人本体

指锄　　　　　库尔特平行四边形　　　V形锄头刀片　　　　L形锄头刀片

(b) 可更换末端执行器

图 4.9　Naïo Technologies 公司高精度微耕除草机器人

2019 年，美国 FarmWise 公司和汽车制造公司 Roush 合作研发了名为 Titan FT-35 的除草机器人，并推向市场。该除草机器人包含一组摄像头、红外传感器和机械臂，使用多源信息融合的 AI 检测技术自动识别、定位杂草，并驱动机械臂完成除草任务（图 4.10）。该公司成立以来已获得 6 轮总额 6520 万美元的融资，2020 年以后 FarmWise 公司重心由农业机器人研发转向市场推广。

2021 年，美国 Carbon Robotic 公司推出了一种激光除草机器人，采用 12 个高分辨率摄像头，通过深度学习技术识别杂草，对杂草发射 150 W 的激光，能通过热能精准杀死杂草而不会破坏农作物和土壤（图 4.11）；可以同时对 8 处目标进行激光除草，每小时除草效率高达 10 万株，每天可为 6.07~8.09 hm² （15~20 英亩）农田除草，已经在多个洋葱、辣椒和花椰菜等农场里进行了大量应用。该公司累计融资金额达到 8500 万美元，2021 年和 2022 年该除草机器人销售额超过 2000 万美元。Carbon Robotics 公司开发的 LaserWeeder 激光除草机器人搭载有补光系统和十几个高清摄像头，可对经过的作物进行扫描，它的 150 个二氧化碳激光每 50 ms 发射一次，可瞬间清除杂草。

(a) 机械臂除草机器人

(b) 激光除草机器人

图 4.10　选择性株间除草机器人

丹麦 FarmDroid 公司开发的 FD20 机器人在播种和甜菜作物种植方面也取得了好评（图 4.11），特别是它配备的太阳能充电电池可提供 21 h 的自主运行时间而无须充电。与传统条播机相比，FD20 的播种密度较低（每英亩 45000 颗种子，而非一般的 53000 颗种子），但产出了更多、更大的甜菜，其大小和形状更加一致，并且含糖量更高。

图 4.11　FarmDroid 公司 FD20 机器人

丹麦 AgroIntelli 公司开发的 Robotti 机器人平台用于耕作，以及玉米和甜菜的植保喷洒（图 4.12）。

图 4.12　Robotti 机器人平台

较小的农场不太可能负担不同的机器人来锄地、种植、除草和收割，为此法国的 Naïo Technologies 公司创造了 Oz 款全电动机器人。该机器人只有 149.69 kg（330 磅）和 83.82 cm（33 英寸）高，由 RTK（实际动力学）和 GPS 引导，其定位可精确到 1 cm 以内。它本质上是一台小型全自动拖拉机，能够除草、播种、犁沟、锄地和拖运（图 4.13）。目前，除用于小型农场和温室的轻型 Oz 机器人外，Naïo 还开发了葡萄种植机器人 Ted 和菜地除草机器人 Dino，并通过经销商渠道在 20 个不同的国家和地区已销售超过 300 台。

图 4.13 Oz 款全电动机器人

在耕种一块土地之前,必须清除这片土地上的岩石,因为岩石会阻止植物生长并损坏设备。TerraClear 公司正在开发包括空中测绘和地面自动拾取的"岩石清理解决方案"。首先,无人机使用神经网络生成的软件来识别泥土中每块岩石的大小和位置,从而生成作业地域的岩石地图;然后,机器人拾石机(图 4.14)使用三个带皮带的手指从土壤中挑选出岩石并将它们放入容器中。

图 4.14 TerraClear 公司的机器人拾石机

位于硅谷的初创公司 Iron Ox 推出了名为 Grover 的作物辅助移动机器人(图 4.15)。它通过激光雷达以及多组朝前和朝上的摄像头,自主地在温室设施中行驶。这些摄像头还使 Grover 能够识别种植了各种水果和蔬菜的水培灌溉模块。Grover 可将模块升离地面并运送到机器人扫描间进行自动检查，如果需要，Grover 随后可以将其运送到其他站点进行额外的浇水、营养补充或收获作业。

图 4.15 Iron Ox 公司的 Grover 机器人

　　SwagBot 农业机器人是 Agerris 公司研发的第一款产品，主要用于除草、放牧、牧场及动物监测、土壤取样等应用场景（图 4.16）。SwagBot 上设定了 GPS、视觉、激光等传感器，可为计算系统提供导航以及避碰信息，它依靠机载路径规划和算法控制，帮助机器人绕过障碍物并跟踪动物。SwagBot 适用于复杂地形，可以自行追踪牛羊，帮助这些家畜前往草地，避开可能的危险。SwagBot 还可以借助自身的传感器，根据牛羊群的体温及行走姿态判断牛羊群是否生病或受伤。此外，SwagBot 还具有与无人机协同工作的能力。

(a) SwagBot 农业机器人　　　　　　　　　(b) Digital Farmhand 机器人

图 4.16 Agerris 公司研发的农业机器人

　　Digital Farmhand 则是 Agerris 公司研发的第二款农业机器人，主要为种植业而设计。Digital Farmhand 运用机载传感器和机器学习算法，自动执行非化学除草，智能喷洒和产量估算等任务。Agerris 公司目前正在推进其农业机器人产品的商业化生产，向国内以及海外市场销售。

Antobot 是一家中英合作的农业机器人与人工智能解决方案公司，目标是自主研发核心嵌入式的 AI 控制器，搭建"AI+智慧农场"开放式技术平台。其与 Boston Dynamics、Dyson 等行业巨头一起于 2023 年 5 月推出了全球首款 AI+智能农业机器人通用控制器 uRCU，通过软硬件一体化设计，其将所有复杂的农业机器人控制和人工智能系统集成在一个模块中，用于驱动下一代智能农业机器人。该通用控制器与无人驾驶解决方案 AntoMove 和视觉解决方案 AntoVision 为智能农业机器人构建了核心硬件和软件平台。

4.2.2　巡检机器人与传感器

4.2.2.1　气象环境监测

面向农业气象监测传感器，美国 RainWise 公司、Davis 公司和德国 Thies Clima 公司共同垄断了全球气象传感器大半市场，产品在全球范围内极具代表性，如图 4.17 所示。上述美企对农业气象传感器均具有 50 年左右的生产经验，其中，RainWise 公司成立于 1974 年，主打便携式、多合一集成式气象传感器研发；Davis 公司建于 1963 年，已开发超过 100 种的气象监测产品，销售范围遍布全球各地区；而德国 Thies Clima 公司在气象监测技术领域拥有超过 70 年的经验，是全球最大的气象计量系统供应商，为农业生产提供可靠的空气温度、降水量、风速风向、温度、辐射、气压等气象数据。

(a) RainWise公司产品　　　(b) Davis公司产品　　　(c) Thies Clima公司产品

图 4.17　国外农业气象监测产品

在国外，农业气象监测、数据传输、智能决策等技术已经发展到较高水平，采集精度大幅高于国内产品。农业气象传感器可全天候动态测量风速、温度、湿度、降雨量、叶面湿度和太阳辐射等参数，通过提供的节点可实现不同监测点的组网通信，数据可实时传输到配套的云端服务器中并自主解析，生成管理策略，实时推送至用户终端。国外的农业气象信息监测系统发展较为成熟，已经实现了大众化、低能耗、智能化的研发应用，它们在对区域气象数据进行精确采集的同时，也为精细化气象预警提供了基础数据。

4.2.2.2 土壤肥力监测

土壤肥力监测是科学施肥的关键，也是当前行业研究的难题。土壤肥力监测传感器能够实时准确监测记录土壤中的养分情况。目前，国际上以美国 Teralytic 公司和 Onset 公司为土壤肥力监测领域代表性企业，相关产品在全世界范围被广泛使用。Teralytic 公司成立于 2016 年，生产了世界上第一个无线传输式的土壤肥力监测传感器和用于作物养分管理的分析平台。Onset 公司自 1981 年创办以来，一直致力于设计和制造土壤肥力监测产品，其数据测量、记录、管理、分析系统都处于世界领先地位（图 4.18）。

 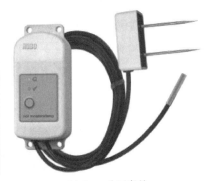

(a) Teralytic公司产品 　　　　　　(b) Onset公司产品

图 4.18　国外土壤肥力监测传感器

欧美等国在土壤肥力监测方面的应用已成熟，美国加利福尼亚州、得克萨斯州和爱荷华州农场，均安装了各种类型的土壤肥力监测传感器，荷兰、德国、瑞士也在大规模应用传感器来监测土壤肥力。同时，相关农业公司、政府和研究机构已在加紧开发新型的土壤肥力监测传感器，以提高数据检测精度，帮助农民更好地了解作物生长情况。

4.2.2.3 土壤水分监测

使用遥感技术进行大面积土壤水分监测，可以实现实时、快速、长期监测，但存在精度不足的问题。随着计算机的广泛应用和通信技术的发展，欧美等农业发达国家已广泛应用土壤水分监测传感器对农作物的土壤水分进行实时监控，对作物实行按需灌溉。

美国 Decagon Devices 公司和英国 Delta-T Devices 公司在土壤水分监测传感器的研发生产上处于国际领头位置。它们的相关产品如图 4.19 所示，可实时对不同地域、深度和土层的土壤水分进行高精度测定和数据传输，并根据采集的数据对作物水分补给量进行计算，尽可能地做到按需灌溉和精量灌溉。早在 1983 年，美国 Decagon Devices 公司的第一款产品就实现了对土壤中的水势测量，在后续的 40 年中，它陆续开发出适用于农业的水分活度、含量和吸附测量仪，在各国均设有产品代理商。英国 Delta-T Devices 公司成立于 1971 年，是全球顶尖的环境科学仪器生产厂家，尤其是在耕种学、植物生理学、生态生理学、土壤水分领域，是世界上最早和最全的土壤传感器厂家。

(a) Decagon Devices公司产品　　　　　　(b) Delta-T Devices公司产品

图 4.19　国外土壤水分监测传感器

欧美国家在土壤水分监测传感器技术的研究和应用方面处于领先地位。对土壤水分进行实时监测，可以有效帮助农民管理灌溉系统，做到按需灌溉和精量灌溉，节约水资源和农业成本。同时，将土壤水分监测数据与其他环境数据进行关联和分析，可为作物生长提供科学依据。

4.2.2.4 病虫害监测

目前，通过无人机实现病虫害监测是国外产品研发的主要方向，其中以色列 Agrowing 公司和美国 MicaSense 公司最具有代表性，相关产品如图

4.20 所示。Agrowing 公司不仅将以色列航空精密农业提升到较高的水平，同时也是全球高分辨率、高质量的多光谱传感解决方案龙头供应商。该公司与欧洲 Eurofins Agroscience Services 公司合作研发的多光谱影像远/近距离自适应的病虫害自动监测无人机，机载端搭载了基于大量高分辨率图像的病虫害知识库，无人机实时获取的图像会自动输入知识库中分析比对，对病虫害进行监测和诊断。美国 MicaSense 公司的多光谱相机技术在全球范围内领先，其研发了多类小型化多光谱相机，为无人机提供视觉系统支撑，其中多款相机被广泛用于大疆、极目等国产无人机病虫害监测任务。

(a) Agrowing公司的无人机   (b) MicaSense公司的病虫害检测相机

图 4.20   国外农业病虫害监测配套产品

面向孢子捕捉仪实现病虫害监测，国外主要以英国 Burkard 公司为典型代表。该公司成立于 1952 年，所制造的 90% 的孢子捕捉产品已投入海外市场，相关产品在我国国内各省市已广泛使用。其产品可对空气中的颗粒（如真菌孢子和花粉）进行连续采样，仪器自动对准风向，并配合真空泵收集符合大小要求的微粒进采样孔，可在无人监守的情况下实现一周的自主监测作业。

4.2.2.5　地面巡检机器人

在应用作物生长信息监测传感器的基础上，结合人工智能技术，国外诸多单位展开了面向作物长势、病虫害和土壤墒情信息监测的移动巡检机器人研发和应用，如图 4.21 所示。来自欧盟多个国家的高校、企业和果园联合开展了 VineRobot 和 VineScout 葡萄生长信息巡检机器人的项目攻关，VineRobot 搭载的 RGB-D 相机和叶绿素传感器，可实现葡萄产量评估、成熟度判断和土壤湿度监测；VineScout 搭载的红外传感器和多光谱相机，可检测葡萄叶片的温度和含水量，从而判断葡萄植株的长势。

针对室外光照变化下的胡萝卜病虫害识别需求，瓦伦西亚农业研究所开发出病虫害巡检机器人。该机器人搭载了 RGB、多光谱和高光谱三款相机，可对指定采样点进行植株冠层图像获取；为解决光线变化带来的检测干扰，机器人四周安装有遮光布，且遮光布内设有补光的卤素灯，以保证算法对光源的适应性，但实际应用中其对病虫害的综合检出率仅为 59.8%。

德国研制的 Bonirob 田间土壤墒情信息采集机器人，通过机身安装的插针式土壤渗透仪获取采样位置的土壤墒情信息。该机器人作业模式分为自动模式和人工模式两种，自动模式下机器人会在设定的采样点进行移动并完成信息采集，而人工模式下人员可通过远程控制面板控制机器人的行走路线、采样点位置，进行信息采集作业，但该机器人仅能满足土壤墒情信息的采集，后续需人工导出数据进行相应处理。

(a) 作物长势巡检机器人

(b) 病虫害巡检机器人

(c) 土壤墒情巡检机器人

图 4.21　巡检机器人

上述机器人在巡检作业中采样点的选择上，多以预设路径或固定点的往复巡检为主，采集的样本存在偶然性大的关键问题，缺乏自主性，且每次巡检都在固定点易导致采样点覆盖范围小，巡检的结果置信度低。

4.2.3　大田农业无人驾驶与自主导航

在欧美及日本等发达国家有相当一批的科研团队专注于农机无人驾驶技术的科学研究，如日本的北海道大学、荷兰的瓦赫宁根大学、德国的亚琛工业大学、美国的宾夕法尼亚州立大学和澳大利亚的昆士兰大学。此外，还有德国最大的联邦农业研究院，其属下有 4 个研究所从事相关技术的研发，柏林大学、慕尼黑大学等也有专业的科研团队和科学家把重心放在农机无人驾驶技术研究上。

国外许多知名科研院校都在无人农机和自主导航技术方面进行了深入研究，并取得了令人瞩目的成果（表 4.3）。德国亚琛工业大学开发了一种自主行驶的农机，使用了机器视觉和激光雷达等技术，可以自主完成整个农田的耕作和播种。美国宾夕法尼亚州立大学开发了一种基于深度学习的农机视觉系统，可以在不同的天气条件下实现作物检测、分类和识别等功能。荷兰瓦赫宁根大学开发了一种自动收割机器人，可以在不需要人工操作的情况下完成玉米的收割工作，提高农业生产效率、减少人工劳动强度。澳大利亚昆士兰大学的研究人员开发了一种基于无人机的农机视觉系统，可以实现精准施肥和除草等工作，提高农业生产效率和降低成本。加州大学戴维斯分校拥有自主导航的无人机、自主驾驶的拖拉机等无人农机设备，致力于应用机器学习和计算机视觉等技术提高农业生产效率的研究。美国伊利诺伊大学香槟分校开展无人农机的研究工作已有数十年的历史，近年来主要致力于多机器人协同作业的研究，已经开发出多台无人农机之间的协同控制和作业规划算法。

表 4.3　国际大田无人农机与导航技术研究

导航模式	传感器	研究图片	单位
全局导航	GPS		波兰奥尔什丁瓦尔米亚玛祖里大学
	GPS		芬兰阿尔托大学
	GPS+BDS		土耳其尼格德-奥马尔-哈利斯德米尔大学
	RTK-GPS+Camera		荷兰瓦赫宁根大学
局部导航	Lidar		荷兰瓦赫宁根生物计量研究所
	Laser		日本北海道大学
	Lidar		美国内布拉斯加州大学林肯分校
	Lidar		美国圣托马斯大学

大田农机无人驾驶技术研究始于 20 世纪 90 年代中期，最早是将卫星导航安装在农机上辅助农机手精准驾驶作业。希腊的创业 Augmenta 公司研发了全球第一台可配备于拖拉机的即插即用农作物扫描设备，基于摄像机进

行作物分析和自动施肥控制。经过多年发展，无人驾驶技术目前已成熟应用于大田农业生产中，在美国和日本等农业强国已基本实现商业化，并在大田农业生产的"耕—播—管—收"环节均有良好的应用。各农机企业巨头纷纷推出无人驾驶农机产品并进入市场，如表4.4所示。

表4.4　国外无人农机产品研制

公司名称	产品展示	信息详情
美国约翰迪尔		介绍：1999年尝试开发5310型无人驾驶拖拉机，用于果园的多排果树农药喷洒。2019年再次推出无人驾驶的铰接式电动拖拉机。2022年发布了一款整合了迪尔8R拖拉机，支持TruSetTM技术的深松犁，配备了GPS导航系统可大规模量产的无人驾驶拖拉机。 适用场景：耕整地、播种 导航模式：全局导航
美国凯斯纽荷兰		介绍：2022年首次推出行业首款搭载无人驾驶功能的全电动轻型多用途拖拉机，在驾驶舱顶部设有传感器、摄像头和控制单元，可在无人驾驶和自动化操作功能的帮助下完成作业任务，还可以通过智能手机应用程序远程激活拖拉机。 适用场景：耕整地、播种 导航模式：混合导航
日本洋马/久保田		介绍：2017年久保田公司发售了一款可以在人工监视下进行无人驾驶作业的拖拉机。2018年，久保田公司上市了带有自动驾驶功能的水稻收获机和拖拉机。为了进一步提升无人农机的智能化水平，久保田公司与美国英伟达公司合作开发人工智能摄像头搭载的图形处理器（GPU），以实现更高精密度的作业。 适用场景：水稻和旱地耕作、设施农业、植保作业 导航模式：全局导航

公司名称	产品展示	信息详情
德国克拉斯		介绍：2021 年推出了 AgBot 自动拖拉机，标准功能包括 RTK 转向指导、电子危险和障碍检测，逐步在欧洲试产，对缓解欧洲农业劳动力紧缺的问题有积极意义，适应未来无人农场的发展。 适用场景：耕整地、播种 导航模式：全局导航
丹麦 Agrointelli		介绍：2009 年 Amazone、博世公司和奥斯纳布吕克应用科学大学联合研发多个机器人协同工作的 BoniRob 农业集群机器人，用于大田农业生产。 适用场景：种植、除草 导航模式：混合导航
德国博世		介绍：2016 年首次发布了 Agrobot 无人驾驶拖拉机，据英国《农机》杂志报道，到 2021 年，大概已有 10 台 Agrobot 无人驾驶拖拉机被用于种植、播种、植保和运输，覆盖农地总面积达 500 hm^2。 适用场景：耕整地、播种 导航模式：混合导航
美国凯斯		介绍：2016 年，由凯斯农机与无人驾驶技术企业 ASI 合作研发的 Magnum 无人驾驶拖拉机首次亮相，Magnum 集成了所有无人驾驶技术，能够完全自主驾驶和工作。 适用场景：耕整地、播种 导航模式：全局导航

5

我国农业机器人产业

5.1　我国农业机器人

我国制造业增加值自 2011 年超越美国之后，已连续多年位列世界第一，我国庞大而全面的工业基础为智能机器人的发展提供了天然土壤。同时，受国内政策驱动及市场成熟度提升等因素影响，我国工业机器人产销规模快速增长。

农业机器人是机器人产业的重要分支，也是世界农业科技前沿和现代农业的重点领域，受到各国政府与学术界的广泛关注。近年来，在市场需求的不断引导、政府的大力推动以及国内科研机构的不懈努力下，我国农业机器人技术发展迅速，取得了显著成果。同时，我国农业机器人的市场化应用也在加速推进，博创联动、极飞科技、丰疆智能、中科原动力、联适导航等企业取得一定成绩，而大疆创新、极飞科技等企业在农业无人机领域也取得差异化的领先布局，行业整体逐步向前。从 2021 年年底发布的《"十四五"机器人产业发展规划》可以看出，我国对农业机器人下一阶段发展已经指明方向，将加快农业人工智能研发和应用，重点研制果园除草、精准植保、采摘收获、畜禽喂料、淤泥清理等农业机器人。

5.1.1　整体市场规模

我国农业机器人产业从无到有，获得了快速发展。赵春江院士指出，我国农业机器人需求量在过去 5 年中一直保持 38.6% 的增长。其中，植保无人机、农机自动驾驶系统、无人农机产业规模迅速扩大，成为农业机器人产业增长迅猛的中坚力量。同时，投入以采摘为主的选择性作业机器人业务的企业迅速增加，陆续推出产品级机器人样机，但与全面产业化和大面积推广尚有一定距离。

2014 年我国农用机器人市场规模为 0.91 亿元，2020 年我国农用机器人市场规模增加至 6.05 亿元，2022 年我国农用机器人市场规模达到 11.46 亿元，2024 年全球有 70 万~100 万台农业机器人在田间工作。中国工程院研究认为，农业机器人在我国将于 2035 年进入成熟期，并实现产业化和大规模应用，市场规模可达到 3000~5000 亿元。根据智研咨询编制的《2023—2029 年中国农业机器人行业市场专项调研及投资前景规划报告》统计，2019 年我国农业机器人产量从 2015 年的 3250 万台增长至 17000 台，需求量从 2015 年的 3515 万台增长至 17273 台；预计 2023 年我国农业机器人产量约为 31193 台，需求量约为 31473 台。2019 年我国农业机器人市场规模从 2015 年的 1.24 亿元增长至 4.97 亿元，预计 2023 年我国农业机器人市场规模增长至 8.21 亿元。据统计，2020 年我国农业机器人市场规模为 6.05 亿元，2022 年我国农业机器人市场规模达到 11.46 亿元，预计 2025 年全球农业机器人市场总量约为 93 亿台，到 2030 年增长近 4 倍，达到 360 亿台，潜力可观。

根据中研普华研究院的《2022—2026 年中国智慧农业行业竞争格局及发展趋势预测报告》，2021 年我国智慧农业市场规模达 685 亿元左右，其中数据平台服务、无人机植保、精细化养殖、农机自动驾驶分别占总量的40%、35%、15%、10%。2022 年全国农机自动驾驶系统销量已达 8.4 万套，同比增长 92%。据农机购置与应用补贴信息实时公开数据显示，2023 年我国农业无人机销售额达到 11.64 亿元人民币。

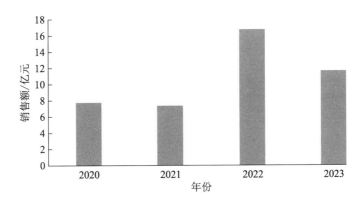

图 5.1　中国农业无人机市场规模 *

---

* 资料来源：农机购置与应用补贴信息实时公开数据。

5.1.2 明星企业及其布局

我国农机企业的智能化进程正在持续推进中，中联重科、一拖、沃得、雷沃、常发等传统农机行业企业积极开启农机智能化、无人化进程，丰疆智能、大疆创新、极飞科技、博创联动等新兴公司也迅速加入农业机器人的产业链中。

农业机器人公司不断创立，农机自动驾驶系统领域形成合众思壮、联适、华测、司南、中创博远等头部企业群，丰疆智能、碧桂园、一拖、雷沃、沃得、常发、中联等则大举进军无人农机行业，其中丰疆智能在业务集中度、产品迭代速度等方面走在最前。以无人驾驶底盘搭载一致性作业部件为特征的施药、除草等机器人获得快速发展，中科原动力、悟牛智能、博田、羲牛、点甜等成为该领域的明星企业。农用无人机则形成了大疆农业、拓攻、极飞、极目、无锡汉和等头部企业群（图5.2）。采摘机器人领域的明星企业主要有专注果蔬采摘机器人、温室智能巡检机器人等的苏州博田，主攻云端机器人的上海达闼，以及深圳朝闻道、杭州乔戈里、史河科技等企业，北京中科原动力、青岛悟牛等也进入采摘机器人领域（图5.3）。

自动驾驶	农业机器人	农用无人机
• 2022年全国销量8.4万套，同比增长92%	• 无人驾驶底盘、施药除草机器人	• 保有量超过16万架
• 合众思壮、联适、华测、司南、中创博远……	• 中科原动力、悟牛智能、博田、羲牛、点甜……	• 施药、巡检、授粉……
• 丰疆智能、碧桂园、一拖、雷沃、沃得、常发、中联……		• 大疆农业、拓攻、极飞、极目、无锡汉和……

图 5.2　农业机器人明星企业

苏州博田　　　　　　上海达阆　　　　北京中科原动力

深圳朝闻道

青岛悟牛　　　　　　杭州乔戈里

史河科技

图 5.3　采摘机器人明星企业

5.2 我国农业机器人产业现状

5.2.1 设施园艺作业机器人

园艺作物生产管理环节远比大田粮油作物复杂得多，且多依赖逐一的精细管理，设施园艺作业机器人已成为全球农业机器人发展的焦点和热点。在我国以鲜食为主、品类繁多、经营规模偏小和规格多样的现实国情下，设施园艺作业机器人对我国庞大园艺作物产业的持续发展更具有决定性的影响。

5.2.1.1 设施园艺采收机器人

（1）整体情况

鲜食型园艺作物在我国农作物中的占比高达 85%，现有一致性采收装备完全无法适用，在全球范围内仍严重依赖大量人工来采收，收获环节所用劳动力成本高达总成本的 50% 以上，苹果、桃、柑橘等的采收成本已达到 0.8~1.6 元/kg，极大挤压了利润空间，甚至在经营规模较大使用大量雇工后导致亏损。

我国已成为采摘机器人研发的主要国家，国家和各省（市）相继投入大量支持资金。江苏大学、西北农林科技大学、浙江理工大学、国家农业信息化工程技术研究中心等在葡萄、苹果、茶等采收机器人的研发上已实现重要突破，其中多臂高效采摘机器人成为公认迫切需要突破的技术焦点。在制造端，除苏州博田较早推出工程样机外，达闼、悟牛等企业竞相入局，各领域企业巨头产业转型和投资意向日趋强烈。已被邀博并购的苏州博田建设了上海张江镇农业机器人示范基地建设项目，其机器人系统已在苏州相城漕阳生态农业园、常熟国家农业科技园、北京宏富农业基地等进行了应用。

然而，在采摘机器人主体技术已逐渐成熟的今天，其研发生产对传统农机企业来说仍然存在较高的技术门槛，较多投资尚处于观望状态。同时，目前采摘机器人发展存在专一性过强问题，无法应对设施园艺作物多品种、多规格、小规模生产现状，采摘机器人产品的通用性成为我国现实国情下的客观需要，基于通用性的跨园、跨区社会化服务将成为采摘机器人快速产业化的核心路径。

（2）典型供应商与产品情况

针对设施园艺农业模式下场景结构化、种植标准化与采收集中化、作业无人化等行业背景与需求，深圳朝闻道智能信息科技有限公司、青岛悟牛智能科技有限公司、苏州博田自动化技术有限公司、道创智能科技控股有限公司等企业针对设施园艺农业场景内果蔬茶等经济作物采收作业环节分别推出多款机器人工程样机（表 5.1）。

整体上，目前多数企业以标准商用机械臂、底盘和视觉系统的集成开发和深度学习算法的直接应用为主，尚缺乏面向采摘的专用核心部件、复杂系统架构与核心算法自主研发能力。与美国、以色列、西班牙等发达国家诞生的大批采摘机器人明星企业相比，我国采摘机器人的产业化步伐已明显落后，采摘机器人系统均处在工程样机阶段，且尚无一家企业能够推出双臂、多臂采摘机器人样机，能够完成田间现场试验的样机屈指可数，效率和成功率等指标仍与实际生产有相当距离。

表 5.1　国内著名农业机器人公司及其产品

公司名称	产品展示	产品详情
苏州博田自动化技术有限公司		自 2011 年成立，便依托中国农业大学机器人研发中心，围绕设施农业研发了番茄、草莓等果蔬采摘机器人，并在温室大棚内完成了性能测试。 适用场景：温室大棚
深圳朝闻道智能信息科技有限公司		依托西北工业大学智能系统实验室所研发的智能采摘机器人，融合激光雷达自主导航、RGB-D 视觉目标识别等多项技术，现已完成多类果园采摘测试。 适用场景：标准化果园
杭州乔戈里科技有限公司		研发的采摘机器人系统，已进行了猕猴桃、苹果、西红柿、草莓、梨等水果的采摘测试，并已向实体农户完成单台猕猴桃采摘设备销售。 适用场景：标准化果园

公司名称	产品展示	产品详情
深圳史河机器人科技有限公司		研发了采摘机器人样机，依靠 YOLO-v5 深度学习网络与 Moveit，实现目标识别与机械臂运动规划，完成果实抓取。 适用场景：实验室场景
青岛悟牛智能科技有限公司		作为一家智慧农业机器人服务企业，研发了单目单臂苹果采摘机器人，并多次参加国内农机展会。 适用场景：标准化果园
广东若铂智能机器人有限公司		研发了一款融合深度学习视觉识别手眼伺服的果蔬采摘机器人。 适用场景：尚处搭建试验阶段
南京熙岳智能科技有限公司		采用深度学习视觉算法，结合机械臂-柔性夹爪完成番茄无损抓取，并添加了智能语音互动功能。 适用场景：室内场景

（3）生产应用

设施园艺采收机器人是我国农业机器人产业中的重要组成部分。2021 年以后，我国农业机器人产业进入快速发展阶段，部分农业机器人企业相继将自身相对成熟的采收机器人产品和技术与各地区农业发展特色产业深度结合及应用，其中上海点甜网络科技有限公司、青岛悟牛智能科技有限公司等明星农业企业已成功将产品应用推广至我国部分标准化设施园艺场景（图 5.4）。

作为国内首批自主研发农业机器人的团队，上海点甜网络科技有限公司成立于 2018 年，注册资本为 100 万元。点甜科技依托点甜农场与多家农业科研院所，开展综合农业人工智能机器人的研发。通过集成图像识别、自动驾驶与视觉伺服等技术，点甜科技分别在上海崇明区东平镇瑞华实业番茄产业园等大型农业产业园进行生产应用。目前点甜科技推出的蔬菜大棚全套机器人售价为100万元，2022年该公司销售额约为3000万元并获得了首轮千万元融资。

图5.4　上海点甜网络科技公司果蔬采摘机器人与其他设施园艺机器人

青岛悟牛智能科技有限公司成立于2017年，注册资本为689万元。作为国内领先的智慧农业解决方案服务商，青岛悟牛提出"智慧农业管控云平台+无人驾驶车+作业机器人"三维一体农业机器人作业模式，并联合百度推出以Apollo无人车架构为基础的农业无人车"阿波牛"。2017年在公司自营农场完成第一代农业机器人智慧农业解决方案验证，2018年在青岛平度无人值守示范农场完成应用验证，2021年联合嘉兴世合新农村开发有限公司完成优秀国家应用场景申报并获批"林果旋耕、播种、植保等作业机器人应用场景""设施农业播种、植保、收获等作业机器人应用场景"（图5.5）。

图5.5　青岛悟牛产品

5.2.1.2 设施园艺施药机器人

（1）整体情况

目前植保无人机的社会保有量已超过 15 万台，并且电子围栏、仿地仿冠飞行、一键起飞技术正在快速发展，极大提升了无人植保机的性能和易用性。遥控式地面施药机器人系统快速发展，并逐步进入农机补贴目录，投入农业生产。同时，静电施药、弥雾施药、变量施药技术与无人机和地面机器人的融合也加快了步伐，从科研走向产品化。

但是，在不同的作物和农业场景下，无人机施药的漫喷、飘移和打不透问题仍待解决，遥控式地面施药机器人在一定程度上改善了使用强度不足、存在安全隐患等问题，但与传统施药机相比，其作业效率、省药省水优势不突出，而更加智能的对靶变量施药、对靶除草剂喷施等技术仍待从科研向实际应用转化。

（2）典型供应商与产品情况

国内相关企业推出了多款施药机器人，主要以大疆农业、拓攻、极飞、极目、青岛悟牛、丰疆智能、北京中科原动力等企业为代表。代表性产品如图 5.6 所示，主要分为飞行施药机器人和地面移动施药机器人，地面移动施药机器人又可分为超视距操控、远程遥控、卫星导航、雷达-视觉多传感器感知导航等类型。

图 5.6　国内企业施药机器人产品

（3）生产应用

相比传统的人工防治方法，植保无人机具有高效、快速、精准等优势，防治效果可提高 15%~35%，且不受作物长势限制，解决了地面机械难以进入田地作业的问题。目前，飞行施药机器人在大田粮油作物的种植中得到了广泛应用，果园飞行施药机器人尚处于培育期。数据显示，截至 2022 年我国植保无人机保有量已超 20 万架。2023 年大疆（图 5.7a）和极飞两家企业生产的植保无人机市场占有率超过了 90%，其中大疆一家的占有率超过 60%。

得益于技术进步和产业成熟，无人机规模效益显现，无人机销售价格和服务价格持续下降。据统计，2022 年我国植保无人机销售均价约为 3.73 万元/架，植保无人机服务均价约为 8.2 元/m²，分别下降至 2014 年的 32% 和 57%。

2021 年，悟牛智能与天津大学四川创新研究院下属四川天瓴创新科技有限公司合资成立了"四川悟牛天瓴科技有限公司"，其推出的自主导航果园施药机器人在四川凉山州越西县和成都市蒲江县的万亩现代农业（苹果）产业园区进行了推广应用（图 5.7c），每台机器人每小时可以植保 10 亩地，喷药成本降低 45% 以上。

(a) 大疆无人机施药

(b) 丰疆智能遥控施药机器人

(c) 悟牛智能自主导航果园施药机器人

图 5.7　施药机器人应用推广作业

5.2.1.3 设施园艺除草机器人

（1）整体情况

不仅果园需要对行间生长的草进行定期刈割，大田作物也需要，因为杂草是引起大田作物减产的重要原因之一。据全国农业技术推广服务中心统计，我国农田杂草常年发生面积达 14 亿亩次以上，形成草害的面积为 7.65 亿亩次，平均减产 9.7%。

除草机器人是发展最快的农业机器人类型之一。我国遥控类除草机器人已大量进入农业生产，树干机械式避让的果园除草机器人也已成熟量产。但是对于非树干类的大田粮油作业、蔬菜作物等，株间除草仍是难题，基于机器视觉的行间对靶除草机器人亦仍处于科研阶段。

（2）典型供应商与产品情况

按照不同的作业方式，除草机器人可分为留茬的割草机器人、破坏草根的微耕除草机器人、对靶的选择性株间除草机器人三大类。生产相关产品的公司有羲牛智能科技（北京）有限公司、上海点甜网络科技有限公司和深圳市赛为智能股份有限公司，代表性产品如图 5.8 所示。

(a) 割草机器人

(b) 微耕除草机器人

(c) 激光除草机器人

图 5.8 国内企业割草机器人产品

割草机器人适用于生草果园的定期割草作业；微耕除草机器人通过对作物周围进行微耕，破坏杂草根部达到除草的目的，适用于有一定株、行间距的蔬菜、花卉等作物；选择性株间除草机器人通过图像识别定位杂草的位置，采用激光、机械臂或点喷施药的方式达到除草的目的。目前国内割草机器人产品较多，但应用场景大都为相对平坦的规范化新果园，而位于丘陵山区的乔砧适植型果园作为我国果园的主要种植模式，迫切需要能适应复杂地形和非规范化老式果园的小型自走式割草机器人。

（3）生产应用

目前，由于技术原因我国微耕除草机器人和选择性株间除草机器人还未真正步入农业生产，而遥控、卫星导航类割草机器人则逐步市场化。羲牛智能科技（北京）有限公司与沃康农业在邢台威县沃康种植园携手打造了 1000 余亩智慧无人果园示范园，一台机器人 3 天完成了千亩果园的割草作业，效率是人工割草的 750 倍以上，大幅降低了成本（图 5.9）。

图 5.9　羲牛智能科技公司的智能割草机器人作业场景

5.2.2　农业信息化与人工智能系统

5.2.2.1　气象环境监测

（1）整体情况

据统计，我国每年因气象灾害造成的农业受灾面积超 5000 万 hm^2，造成的粮食减产波动可高达 18%，直接经济损失占我国整体国民生产总值的 4%。可见，气象监测可帮助农业生产者提高防灾抗灾能力，在农业生产中具有重要意义。

目前，国内已形成完整的农业气象服务网络，包括国家和各省、市的农业气象中心、农业气象站和气象物联网综合服务平台，可实现从国家、区域尺度到田块分区尺度的农业气象多参数（温度、湿度、风速、风向、压力、雨雪）集成监测（图 5.10）。现有厂商可根据作物生产需要制作和部署气象监测系统，已形成"传感器件—集成气象站—物联监测系统—数据分析"的全套产业链，满足从省市级大区域到乡县级小区域的监测尺度需要，在防灾止损和预报方面发挥了巨大作用。

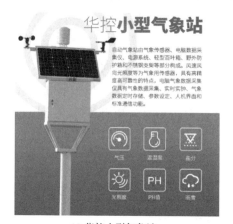

(a) 华控小型气象站

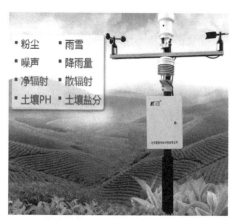

(b) 盟创小气候气象站

(c) 欧速物联网气象站

图 5.10 作物生长气象监测产品

但是，目前农田、果园和茶园的冠层小气候监测尚缺乏技术成熟、产品化和便于大面积推广的方案，在地表蒸腾和叶片呼吸等作用下的对地表-冠层气候梯度下的"倒春寒"预报等仍存在挑战，减产现象较严重。

（2）典型供应商与产品情况

目前，国内农业气象智能监测产品众多，以北京华控兴业科技发展有限公司、北京盟创伟业科技有限公司和河北欧速电子科技有限公司为代表，他们对农业气象的智能化和精准化监测产品有较多的研发和生产经验，相关产品已在全国各地的农业生产中广泛应用。

上述产品均实现了雨雪、气压、温度、湿度、光照和风速等多类传感器的高度集成和同步测量，顶部隐藏式的传感器探头布置，避免了环境干扰带来的检测精度下降的问题，可实现农业生产中气象参数 24 h 连续在线监测，并可通过选配的物联监测系统实现农户对气象参数的实时查看，便于农户掌握气象变化趋势，通过人工引导等方式打造适宜作物生长的环境。

（3）生产应用

近几年，随着农业种植行业的发展，越来越多的农业种植中都出现了农业气象站的身影，如图 5.11 所示。新疆阿克苏地区大面积布置了小型自动气象站，其结合物联网可将监测的十余种气象信息传送至后台，并在基地大屏以数字和曲线图的方式呈现，方便用户对于环境气象数据的直观查看。

图 5.11 农业气象监测系统的生产应用

我国农业种植的重要基地——黑龙江垦区，为保证农作物最低限度地遭受极端气象破坏，引进了小型气象站来对农业环境进行检测。河南为保证小麦丰产和供应，在省内数十个小麦种植基地加装了小气候监测系统，实现温度、湿度、光照强度、风速、风向、降雨量等气象参数的准确获取，以为后续的农业生产工作做好规划。

自 2010 年开始，江苏新农村气象服务示范村点建设逐渐全面推开，在江苏省内县区大面积普及了农业小气候观测站和气象信息服务站，根据实测气象资料和农作物生长的气象条件进行动态跟踪分析和研究，提供相应服务。2023 年江苏省委一号文件提出，加强气象灾害监测预警，构建完善的农业农村气象灾害监测体系和防御体系，完善农业气象服务标准化业务流程，形成全省气象为农服务基础数据"一张网"。

综上所述，国内各省市已实现农业气象监测产品的大面积应用，为农业生产提供及时准确的气象预报和预警服务，为农业活动的安排提供科学决策依据，避免或减少灾害性天气的影响，成为农业生产的重要帮手。

（4）科研单位

国内针对农业气象监测传感器和系统研发的科研单位，主要以北京市农林科学院信息技术研究中心、东北农业大学和南京信息工程大学为代表，其中东北农业大学和南京信息工程大学是国内为数不多开设农业气象学的高校。

北京市农林科学院信息技术研究中心开发了多类集成式微型气象站，可以连接多种气象传感器，实现对温度、湿度、光照强度、降雨量、土壤温度、风向、风速、大气压等气象信息的实时采集与无线上报，并配置了农业生产环境异常短信报警功能，能够为农业生产经营管理者进行农业生产现场远程监测、异常状况快速处理提供数据信息支撑。

东北农业大学在面向水稻、小麦、玉米、马铃薯等作物的气候风险评估与减灾、应用气象监测与预测的研究和应用方面具有突出优势，其与锦州阳光气象科技有限公司最新联合研制的自动气象站，可同步实现环境温湿度、露点温度、风速、风向、气压、太阳总辐射量、降雨量、二氧化碳浓度、日照时数、太阳直接辐射量、紫外辐射量、地球辐射量、净全辐射量、环境气体等共 20 项数据指标的采集，可根据用户需要进行灵活配置，还可与 GPS 定位系统、QSE101 天气报文编码器、GPRS、GSM 通信和 Modem 等设备连接，具有性能稳定、检测精度高的特点，可满足农业专业气象观测的任务要求。

南京信息工程大学拥有江苏省唯一的农业气象重点实验室，与耶鲁大学联合建成了国际性的生态气象环境研究中心。近年来，南京信息工程大学结合微电子测量技术、无线通信与控制技术、气象和农情信息可视化技术等，开发出多套可视化农业气象信息动态监测预警系统，实现了农业生产中温湿度、降水数据的一体化采集和综合显示。

5.2.2.2 土壤肥力监测

（1）整体情况

我国年化肥使用量在 5800 多万吨，位居世界第一，平均施肥用量是发达国家安全施肥用量上限的 2 倍，平均利用率仅为 40%。肥料的过量使用导致我国农田富营养化、水体富营养化问题严重，土壤肥力监测和按需精准施肥对我国农业具有重要意义。

我国农业部门的各级土肥站系统建立起了国家、省地级的土肥数据库，乡镇土肥专干为农民提供相应的测土配方施肥技术指导。多家公司可提供土壤肥力监测装备和监测分析服务。生产中按地块监测肥力和施肥的技术方法已逐渐推广，按小区监测施肥的技术也不断成熟。

但是，由于农作物的缺素缺肥与土壤肥力和养分含量之间存在时空差异，目前基于农作物缺素缺肥检测和农作物生长模型的精准施肥技术尚需从研究走向生产。另外，肥力监测的布点密度与精准施肥尺度目前尚无统一的标准，土壤肥力监测产品的成本和对田间耕作的干扰等对生产推广具有一定影响，移动式自主田间肥力采样监测机器人有望打破布点、布网监测的应用瓶颈。

（2）典型供应商与产品情况

针对大田作业的精准变量施肥，国内生产企业着重于对土壤肥力监测产品的研发与生产，目前国内的威海精讯畅通电子科技有限公司、北京盟创伟业科技有限公司和东方鑫鸿（北京）科技有限公司等企业可提供多种类型的土壤肥力监测系统，相关产品如图 5.12 所示。

上述公司生产的土壤养分监测传感器主要包括电容式、电阻式和微波式等类型，均可长期埋入土壤中，耐长期电解和腐蚀。土壤养分监测传感器通过插针的电导率实现对土壤中氮、磷、钾的多合一同步监测，对每种微量元素的测量误差均不超过2%。这些产品还可搭配各公司提供的物联网服务，构成小型的土壤养分监测站，通过测量的元素含量来判断土壤的肥沃程度，方便农户了解土壤养分情况。

(a) 精讯土壤养分传感器

(b) 盟创土壤养分监测站

(c) 鑫鸿土壤养分监测站

图 5.12　作物生长土壤养分监测产品

（3）生产应用

随着相关土壤肥力监测技术的发展，国内各省市县土肥站、农场已经实现了土壤肥力监测产品的较大面积示范和应用（图5.13）。

1987年以来，国家农业部门在全国重点农区和主要土壤类型上逐步建立了9个土壤肥力和肥料效益长期定位监测基地。广东白云区建立了2万亩标准化施肥示范基地，基于土壤肥力监测系统推广测土配方施肥技术。江苏省宿迁市近年来开展农田土壤环境质量智能化监控和大数据精准化测土配方施肥技术示范，为我国现代农业转型升级、农业农村可持续发展新农村建设提供了有力的技术支撑。

图 5.13　土壤养分监测生产应用

（4）科研单位

在土壤肥力监测方面（图 5.14），国内的科研单位主要以南京农业大学和中国农业大学为代表。

南京农业大学土壤生态实验室是我国高等农业院校中最早成立的土壤生态研究室之一。为解决化肥过量及不科学施用带来的一系列问题，他们对比分析了过量施肥与精准施肥的土壤情况，并基于江苏省多年的土壤肥力监测数据，推行测土配方施肥技术，以平衡土壤养分，改善土壤质量。该实验室与南京及时雨科技有限公司联合研发了物联网水肥一体化系统，基于物联网技术定时定量将水肥供给农作物。

中国农业大学借助农业部土壤-机器-植物系统技术重点实验室开展相关科研研究。中国农业大学与北京盟创伟业科技有限公司联合研发土壤肥力传感系统，用于监测土壤中的铵态氮、硝态氮、速效磷、有效钾、速效氮等养分含量，传感器受土质影响小，可应用于红壤、黑土、盐碱土、高山土、水稻土、潮土等多种土质。

图 5.14 土壤肥力监测系统

5.2.2.3 土壤水分监测

（1）整体情况

土壤含水量是影响农作物收成和水保的重要因素之一。我国是农业大国，同样也是贫水国。据统计，2015—2020 年我国农业用水量占总用水量的 61.88%，但我国的农业灌溉水利用系数仅为 0.559，而其他农业大国的农业灌溉水利用系数达到 0.7~0.8。因此，通过土壤水分监测实现精准灌溉以提高农业灌溉水利用系数，对发展我国农业和改善当前日益紧张的水资源供需现状意义重大。*

目前，我国各级农业部门都在加强土壤墒情监测，大力推进监测站的

---

　　* 资料来源：王攀磊，徐胜涛，潘艳华，等．农田土壤环境监测渗漏池系统的构建技术及应用 [J]．农业工程学报，2019，35（7）：86.

建设，扩大土壤墒情监测规模和范围。土壤水分监测的主要方式有：① 建立固定的墒情监测站点，例如通过埋设不同深度的土壤水分传感器实时测量土壤水分的变化情况；② 通过卫星遥感、航空遥测、雷达等方式，从宏观尺度间接获得土壤水分信息。相关公司创新研发了多种土壤水分传感器及监测系统。

然而，目前智慧灌溉存在有硬件、有平台却缺模型、缺算法的问题，更面临农作物缺水与土壤水分之间的时空差异问题，基于作物生长模型、灌溉决策模型的变量灌溉和非漫灌控制亦受到农田灌溉设施、田块规模与条件等的限制。在大型农场有望先期实现智慧灌溉应用的同时，目前仍占我国农田大比重的中小田块的智慧灌溉问题仍有待破局。

(a) 托普公司的土壤水分测定仪

（2）典型供应商与产品情况

国内就土壤水分监测产品进行了大量的产品创新和研发，目前以杭州托普仪器有限公司（图5.15a）、北京瑞顶环境科技有限公司（图5.15b）和山东万象环境科技有限公司（图5.15c）为代表，相关产品已在全国各地的农业生产中广泛应用。

(b) 瑞顶公司的土壤水分监测系统

(c) 万象公司的土壤墒情监测站

图5.15 土壤水分监测产品

上述产品均可固定在田间自动采集土壤水分数据，采集数据多、数据存储量大，可实现对土壤水分的长时间连续监测，并支持有线、无线数据传输和报警等功能；通过自动监测土壤水分，科学管理水资源，可适时进行农业灌水或排水，提升精细化农业生产能力。

（3）生产应用

随着我国农业种植的科学化和精准化发展，越来越多的土壤监测设备被应用于田间。黑龙江八五六农场有限公司先后建立起土壤墒情监测网示范基地10余处，通过智能化田间管理、精量化节水灌溉，作物生长取得了显著成效（图5.16a）。定西市马铃薯种植示范区通过土壤水分速测仪监测土壤含水量，利用实时数据更好地指导旱作农业管理（图5.16b）。内蒙古赤峰打造了精准灌溉示范基地，利用智墒土壤水分监测仪监测土壤水分的变化情况，动态监测作物活动根系、耗水规律、气象生态环境等信息，实现深度感知，综合进行人工智能处理（图5.16c）。

(a) 黑龙江八五六农场土壤墒情监测网　　　　(b) 定西市马铃薯种植区土壤水分速测仪

(c) 内蒙古赤峰智墒土壤水分监测仪

图5.16　土壤水分监测生产应用

（4）科研单位

在土壤水分监测方面，国内研究单位主要以西北农林科技大学和中国农业大学为代表。

西北农林科技大学为解决大面积土壤水分定点实时监测问题，设计开发了一种成本低、精度较高的数字式土壤水分传感器，并设计了低功耗的信息采集传输终端，用 LoRa 技术组网构建了一种土壤水分温度实时监测系统（图 5.17a）。

中国农业大学为解决商业化的土壤水分传感器在野外观测土壤剖面含水率时存在的测量深度不可调节、多传感器探头之间存在互换误差、野外长期监测供电困难、成本较高等问题，设计并研制了一种太阳能供电的可实现野外长期工作的介电管式土壤剖面水分原位自动监测系统（图 5.17b），为观测作物生长状态和根区水分变化，制定合理的灌溉策略，以及研究并检验土壤入渗水动态模型提供了可靠的技术支持和保障。

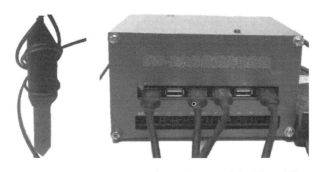

(a) 西北农林科技大学研发的土壤水分温度实时监测系统

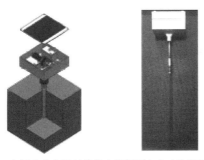

(b) 中国农业大学研发的土壤剖面水分动监测系统

图 5.17　国内科研单位研发的土壤水分监测系统

5.2.2.4　病虫害监测

（1）整体情况

我国每年病虫害的发生面积近 70 亿亩次，造成的农产品损失超 250 亿 kg。在农药使用方面，我国连续多年位居世界第一，以全球 9% 的耕地使用了全球 50%～60% 的药剂，耕地单位面积用药量远高于世界平均水平，其中病害的用药剂量是美国的 2.3 倍，而灭虫剂用量是美国的 14.7 倍，病虫害监测已成为农业生产中急需解决的关键问题，特别是对农作物病虫害的预防效果远远大于治理效果，基于智能化手段实现病虫害的早期发现和预防，有可能带来现有植保方式革命性的改观。

目前，国内病虫害监测方法和产品、服务主要分为卫星遥感、无人机近地和地面监测。但病虫害的遥感监测适用于重点危害区时序监测和病虫害迁飞扩散路径、潜在危害区的宏观动态预测；而无人机近地和地面监测仅能实现植株群体尺度和病害发病期、虫害高峰期的检测，无法满足单株级尺度病虫害的潜育期和始盛期的早期发现需要。

（2）典型供应商与产品情况

针对大田作物病虫害的卫星遥感监测，国内龙头企业航天宏图信息技术股份有限公司推出了遥感图像数据服务。文衡北斗科技有限公司和善图科技（广东）有限公司为病虫害监测系统开发应用的代表企业，两家公司结合遥感图像技术，在多地建立了卫星遥感作物病虫害监测系统，如图 5.18 所示。该系统根据病虫害叶片与健康叶片的叶绿素含量差异，建立了基于光谱反射的叶绿素含量估算模型，实现病虫害发生和程度的判断。

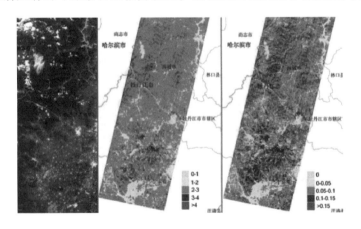

图 5.18 基于卫星遥感的病虫害监测系统

近年来，随着无人机技术和光谱仪器小型化的发展，基于无人机贴地飞行的病虫害监测产品大量出现，大疆创新和极目机器人为国内监测病虫害无人机的代表企业，相关产品如图 5.19 所示。两家公司的无人机通过机载的多光谱、高光谱、RGB、热成像等视觉传感器，对作物生产区域进行全自主的飞行拍摄、拼接和农田影像分析，精准实现病虫害发生和程度的判断。

图 5.19 基于无人机的病虫害监测产品

相较于空中监测，地面病虫害监测产品主要以孢子捕捉和作物图像获取系统为主，如图 5.20 所示。孢子捕捉传感器的生产，国内以浙江托普云农科技股份有限公司为主要代表，其生产出便携式、固定式、车载式的孢子捕捉仪，通过测量空气中病菌孢子浓度，反应病虫害的发生情况。而作物图像获取系统主要以广州赛通科技有限公司为主要代表，其产品通过固定点位对周边作物冠层图像进行拍摄，满足数据采集的需要，可搭配云物联网平台将图像发送至手机、计算机等终端设备，以便农户对病虫害的发生、发展进行监测，为农业现代化提供服务。

| (a) 孢子捕捉 | (b) 图像拍摄 |

图 5.20　地面的病虫害监测系统

（3）生产应用

相较于气象、水、肥监测产品在生产中的广泛应用，病虫害监测产品在实际生产中应用较少，主要使用方以各地现代农业示范基地为主，如图 5.21 所示。

2023 年江苏省委一号文件提出强化农作物病虫疫情监测预警，江苏省植保植检站组织开展了省级标准化区域站认定，2022 年年底公布了首批 15 个省级农作物病虫害监测预警标准化区域站和 5 个省级农作物病虫害绿色防控县。江苏常熟现代农业产业示范园借助"天空地网"立体化监测技术，实时获取小麦长势情况，根据卫星遥感监测数据进行病虫害的综合防治。山东汶上建成全国首家县级食用农产品面源污染防控中心，利用卫星遥感技术提前对汶上的农田进行全方位的诊断，对存在病虫害爆发隐患的区域及时向群众进行警示提醒，以实现病虫害的及时防治。

大疆农业联合海南中农航服，出动 3 架 1P、2 架 T16、3 架 T20 植保无人机进行玉米贪夜蛾的巡查作业，共完成 2000 亩的作业任务，吹响了全国各地以大疆植保机围剿草地贪夜蛾的号角。极目公司联合山东省农科院植物保护研究所、拜耳作物科学（中国）有限公司对山东禹城大豆-玉米带状复合种植区域的棉铃虫、甜菜夜蛾等鳞翅目害虫进行监测。

托普云农生产的智能孢子捕捉系统已在河南、山东、河北等多个省份数十个玉米种植示范区进行推广应用，可实现玉米锈病、炭疽病和霉斑病的监测，并可连接计算机分析玉米孢子病害的动态，以便及时为农户提供有针对性的病害防治指导。

图 5.21　病虫害监测产品的示范应用

（4）科研单位

目前国内通过卫星遥感数据建立作物病虫害监测系统的研究单位以南京信息工程大学和浙江大学为代表。针对小麦、水稻等大田作物，南京信息工程大学研制出多源多时相遥感分析系统，综合不同病虫害发病期无人机高光谱影像以及 Sentinel-2、Landsat-8 和 GF-1 卫星多光谱影像等多源多时相遥感数据优势，建立高精度、高专一性的作物病虫害监测模型，通过作物长势状况和生境信息的遥感特征实现不同病虫害的区分（图 5.22a）。浙江大学利用地面和低空无人机遥感平台数据分析东亚飞蝗受害前后芦苇的光谱特征并构建损失估算模型，实现对东亚飞蝗受害程度的监测（图 5.22b）。

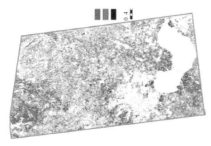 

(a) 卫星遥感　　　　　　　　　　(b) 无人机监测

图 5.22　农业病虫害监测

石河子大学和东北农业大学对通过无人机实现作物病虫害监测展开了诸多研究，并形成了阶段性的成果。石河子大学主要面向棉花病害的监测需要，通过无人机多光谱影像提取地面监测点棉株冠层光谱反射率构建相关植被指数，进而构建棉花病害严重度监测模型，为棉花黄萎病精准防治及产量损失估算提供技术参考。东北农业大学则针对北大荒进行水稻、玉米、大豆等作物的病虫害检测需要，使用无人机实现生产中典型病害田块级的发病情况识别监测和预警，为植保无人机变量追肥、施药提供"处方图"。

面向病虫害的孢子捕捉系统，国内主要通过企业研发生产，高校多对现有产品进行数据采集分析和图像算法研究，达到二次开发的目的。

5.2.2.5　智慧管控系统

（1）整体情况

目前农业智慧管控已经成为社会和产业热点，在 5G、大数据、人工智能、区块链等新兴技术加持下，智慧农业企业量不断增长，国内诸多企业与当地农业生产基地、政府紧密合作，建立了多个智慧农业示范管控平台，实现了农情自动化监测、水肥精细管控等功能。除大田智慧管控系统外，由于经济效益、可控农业设施条件、可展示度等的优势，各类茶园、果园和温室智慧管控系统也获得了快速发展，并在减灾增产、质量溯源等方面显示出突出优势。

国内农业智慧管控系统建设虽取得初步成效，但仍以示范工程建设为主，底层模型欠缺，缺乏基于效益核算分析的管控系统优化，系统对农业生产的增产增效性能有待发挥。同时，信息的数字化与生产作业的机械化之间关联度弱，尚待形成高效闭环。

（2）典型供应商与产品情况

目前，极飞 XOG、丰农控股、国源科技、托普云农和联创思源等公司代表了国内智慧农业服务平台与管控系统的最高水平，上述公司可结合地区特色和生产需要，满足基于气象、水、肥和病虫害监测数据的在线决策、水肥管控、气象-病虫害预警等功能的定制化需要，如图 5.23 所示。

图 5.23　智慧农业物联网信息管控系统

智慧农业管控系统利用物联网、人工智能、大数据等新一代信息技术，为农业产业园、大型农场、政府和科研单位试验田等提供一体化、全程化智慧农业解决方案。通过相应传感器可实时采集作物生长相关数据，对农作物生长的环境、土壤水分、气象等进行实时监测，利用人工智能算法对数据进行处理和分析，为农民提供科学的决策建议。云端平台对获取的大数据进行实时解析，用户可通过手机 App、电脑等多种方式实时查看作物的生长参数，进而通过管理决策系统远程下达指令实现水肥自动管控、极端气象预警和病虫害报警，为精准农业新型管理模式提供解决方案。

（3）生产应用

近年来，国内诸多企业与当地农业生产基地紧密合作，建立了一批技术先进且效益良好的示范性工程项目（图 5.24），由无人化数据采集分析中心+人工智能 AI 决策进行作物生长管理，作物各环节的生产效率都得到了有效提高。

北京联创思源测控技术有限公司与中国农业大学、新疆农业大学、呼图壁县水利局和乌苏市水利局联合攻关，利用新疆兵团第一师高效节水自动化灌溉项目，将物联网、云计算技术、无线传感技术、移动互联网技术集为一体，该项目经过十年不间断地应用与完善，形成了面向大田作物微灌的自动化、智能化成套管理系统。

极飞科技主导的盐城"银宝高新"无人种植农场，通过"无人机+田间布点传感器"，实现作物生产中耕、种、管、收等全过程数据的动态监测，有效提高了智能化管理水平；建立的高效节水灌溉技术系统有效提高了生产效率。

丰农控股承建的韶关金喆园生态农业科技有限公司智慧农业项目，通过果园中固定的气象、水、肥和病虫害监测传感器，结合物联网和云计算技术，为千亩沙田柚基地装上"智慧大脑"，实现水肥自动管控、气候灾害和病虫害及时预警，年效益提升超30%。

国源科技基于移动互联网、3S、大数据等现代农业技术，以全自主监测与管控为核心，关联土壤、气象、病虫害等环境监测数据，构建与现实空间相对应的数字化空间，实现"依图管理"和"图数联动"。

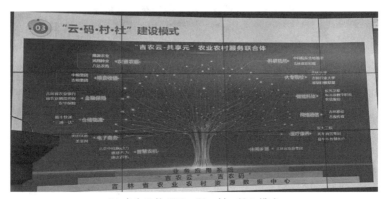

(a) 吉农云的"云·码·村·社"模式

(b) 基于智慧管控系统的农机远程调度

图 5.24　智慧农业管控系统的示范应用

（4）科研单位

在作物生长信息监测和智慧管控方面，国内主要研究单位以国家农业智能装备工程技术研究中心、南京农业大学和中国农业大学为主。

国家农业智能装备工程技术研究中心开发的便携式农田信息采集系统eFieldSuvey，能便利地采集田间地物分布状况、作物生育期动态苗情、病虫害发生情况、土壤肥力等多种基于精确空间位置的实时信息。基于作物信息监测的智慧管控平台，南京农业大学开发了兴化智慧农业系统，通过天眼地网和点面结合的方式，对苗情生长状况、空气温湿度、土壤等多个指标信息进行实时采集和云端上传，农户打开电脑或手机就能及时了解田间苗情。

中国农业大学研制的蜂窝智慧农业云平台，可采集空气温湿度、二氧化碳浓度、光照强度、土壤酸碱度等信息，并上传到云平台进行分析处理并发出控制指令，当感知到缺水、缺光或者缺肥等情况时，系统会发出灌溉、光照、通风、施肥等预警提示并自动及时完成相应的操作。

5.2.2.6 地面巡检机器人

针对农业的地面巡检机器人，目前国内主要研究单位以中国农业大学和南京农业大学为主。中国农业大学研制的跨垄玉米叶面积图像采集机器人（图 5.25a）可通过车载激光雷达采集玉米的点云数据，但后续需通过人工图像处理得出相应的株高、叶面积指数，作为判断玉米长势的依据。南京农业大学开发了遥控式的作物信息采集机器人（图 5.25b），其配置有完善的农田大数据核心库，可将收集的农作物图像数据与数据库进行匹配分析，从而获取当前农作物的生长情况信息。

(a) 中国农业大学研发的跨垄　　　　(b) 南京农业大学研发的遥控式的作物信息采集机器人
　　玉米叶面积图像采集机器人

图 5.25　作物信息采集的巡检机器人

5.2.2.7 问题与不足

① 我国市场上现有探测气象、土壤、作物信息的各类传感器的形态以现场布置、采集发送、离线处理为主，机器人搭载的"随形感知"和现场实时诊断需求对农业传感器提出了更高的要求，亟须在科研端和产业端共同发力；

② 目前农业智慧管控系统以物联网数据采集、远程观测、水肥管控和信息汇总报送为主，少数集成了区域农机调度等任务，但与无人看护的机器人巡检-诊断-作业尚有距离；

③ 由于我国分散经营的限制，我国巡检机器人技术发展远远滞后于欧美国家。近年来，空中、地面巡检机器人的需求与产品供应快速增加，但仍主要作为搭载平台完成拍照、数据采集工作，依赖后台离线处理分析，多信息融合诊断、现场自主实时诊断与建图、感测-作业协同能力仍然与欧美国家有较大差距。

5.2.3 大田农业无人驾驶与自主导航

（1）整体情况

我国大田农业因劳动力短缺、老龄化造成生产效率降低，且因缺乏专业熟练的农机驾驶机手导致农作物产量损失严重，因此研究无人驾驶技术，实现"以机换人"的意义重大。

国内深度融合物联网、大数据、云计算等新一代信息技术，构建了智慧农机信息化管理平台，初步形成"农机办理部门—农业合作社—维修网点"等多位一体的"互联网+农机"自动驾驶监管服务网络。产品与服务已形成"上游供应商—农机自动驾驶品牌—下游消费者"的行业产业链。在规模化大型农场经营模式下，自主定位导航、智能调度、智能测亩、主动计产和数据分析等技术均已逐步实现。各地无人化农场建设成了热点和卖点，智慧无人农业正在从概念快速进入现实。

但是，目前无人驾驶农机在生产中的大范围应用仍面临安全、适用和作业性能瓶颈。与无人驾驶汽车从狂热走向冷静相似，无人驾驶农机的难脱离安全员监督、事故责任认定等问题导致厂家不敢卖、用户不敢用；无人驾驶农机在大型农场以外的绝大多数中小田块、非规整田块的适用性欠佳；其基于卫星导航实现了田块内的规划行走，却无法保证插秧、施药、收获的高壮苗、不伤苗、低损失性能。无人化农业的全面实现仍需破题。

（2）典型供应商与产品情况

国内无人驾驶农机产品的"师傅"是来自美国和欧洲的农业自动化公司，以及约翰迪尔等综合性农机公司。最初约翰迪尔、凯斯纽荷兰、克拉斯等跨国公司以整机的形式将自动导航设备引入国内市场，完成了国内农机自动导航的市场启蒙。当时无人驾驶农机主要以美国天宝、约翰迪尔、拓普康等公司的进口设备为主，历经多年发展，我国无人驾驶农机研发公司不断崛起，目前已有雷沃重工、丰疆智能和芜湖中联重科等公司进行整机新产品的研发和推广使用。

由于无人驾驶农机与导航系统产品有别于传统农机，行业的技术门槛相对较高，行业现有企业数量较少，主要可分为两大类：一类是科技公司，如丰疆智能、悟牛智能、联适导航、合众思壮、司南导航等公司，其具备研发优势，主要以自动驾驶系统为核心产品，依托云计算等技术，进行了农机导航技术的开发，推动农机自动驾驶产品快速发展；另一类是传统农机企业，如中国一拖、中联重科、雷沃重工、东风井关、常州常发等公司，其基于自身的制造基础和资金实力，积极发展农机自动驾驶业务。同时，碧桂园等巨头的不断加入也推动我国无人农机产品研发不断加速（表5.3）。

表5.3　国内无人农机产品研制

公司名称	产品展示	信息详情
雷沃重工		介绍：2012年推出的"农业机械导航及自动作业系统"拖拉机是我国首创的无人驾驶拖拉机，先后进行了无人驾驶拖拉机的耕整地、栽种作业和双机协同作业现场示范演示。 适用场景：耕整地、播种、收获 导航模式：全局导航
丰疆智能		介绍：2019年推出国内首款智能插秧机，可以实现全程无人驾驶、自动规划路径及自动避障，提高了生产效率、增收降本，解决了传统农机驾驶路线不精准的问题。 适用场景：耕整地、播种、施药、收获 导航模式：全局导航

公司名称	产品展示	信息详情
中联重科		介绍：2018年较早与江苏大学合作实现了联合收获机的无人驾驶，在兴化市国家粮食生产功能示范区里进行了示范演示，其实现了基于路径规划的导航和作业功能，并能完成割台、滚筒操控，作业速度可自动调整。 适用场景：耕整地、播种、收获 导航模式：全局导航
中科原动力		介绍：面向规模化农业生产集团、农业大户等已经推出"虚拟机手""智能农机"和"农业机器人"等多系列农机产品和农机代耕代收服务，能够覆盖大田作业下的耕整地、播种、中耕植保、收获、秸秆还田等全流程，适配数十种不同农具，还能实现一人对多机管理，可连续高强度长时间作业，大幅减少作业人员数量。 适用场景：耕整地、播种、除草 导航模式：全局导航
中国一拖		介绍：2018年研发出我国首台具备完全自主知识产权的纯电动无人驾驶拖拉机，通过无人驾驶、远程操控等形式，实时感知整车运行状态及周边作业环境，满足犁耕、旋耕、播种等作业需要，可有效提升农机作业的可靠性和工作效率。 适用场景：耕整地、播种 导航模式：全局导航
悟牛智能		介绍：综合应用北斗全球定位系统、5G技术，融合高清摄像头、雷达等传感器，通过自主开发的无人驾驶导航控制算法，让设备在复杂的农业生产环境下实现智能路径规划、自主作业、智能返场等功能。 适用场景：耕整地、播种、除草、施药 导航模式：全局导航
碧桂园		介绍：自主研发生产了220.65 kW（300马力）的无人驾驶联合收获机，这是世界上第一台超过300马力的大型无人谷物联合收获机，同时，生产制造了轮式/履带式300马力无人驾驶自动换挡拖拉机，并配牵引式重型耙进行无人驾驶的耙地作业。 适用场景：耕整地、播种、收获 导航模式：全局导航

（3）生产应用

至 2023 年，我国自动驾驶农机行业销售规模将有望突破 17 亿元，我国大田无人驾驶农机与自主导航系统产品发展迅速，目前导航作业精度和性能已经可以与国外的典型产品相媲美。我国无人驾驶农机与导航系统产品发展迅速，农机自动驾驶系统在北方地区（新疆、黑龙江农场地区）已进入初步应用阶段，无人驾驶农机与导航系统产品整体开始进入快速增长期。截至 2021 年，国内北斗无人驾驶农机与导航系统产品已部署超 6.5 万台，渗透率达到 1.4%。预计到 2025 年我国无人驾驶农机与导航系统产品渗透率将达到 6.5%，远期预计到 2035 年前后我国农业无人驾驶农机与导航系统产品渗透率将达到 20% 左右（表 5.4）。

表 5.4　自主导航系统产品应用

产品名称	应用销售情况			
上海联适农机自动导航驾驶系统	销售台数	市场占比	销量排名	主要产品
	≥15452 台	≈14.93	第 1 位	AF305BD－2.5GD 北斗自动导航驾驶系统
	销售地区：新疆和新疆兵团，以及内蒙古、江苏和青岛等地。 价格与补贴：售价 0.9 万~1.6 万元，补贴 3500~5000 元。			
上海华测农机自动导航驾驶系统	销售台数	市场占比	销量排名	主要产品
	≥14469 台	≈13.98%	第 2 位	NX510BD-2.5G 型北斗导航农机自动驾驶系统
	销售地区：新疆和新疆兵团，以及内蒙古、江苏和青岛等地。 价格与补贴：售价 1.0 万~1.5 万元，补贴 3500~5000 元。			
黑龙江惠达农机自动导航驾驶系统	销售台数	市场占比	销量排名	主要产品
	≥10373 台	≈10.02%	第 3 位	惠达 HD308BD－2.5GD 型北斗导航农机自动驾驶系统
	销售地区：新疆和新疆兵团，以及青岛等地。 价格与补贴：售价 0.9 万~1.8 万元，补贴 3500~7300 元。			

产品名称	应用销售情况			
丰疆智能农机导航自动驾驶系统	销售台数	市场占比	销量排名	主要产品
	≥8227 台	≈7.95%	第 4 位	FJSCBD-2.5GD 疆驭 AT2 自动驾驶系统
	销售地区：江苏、北大荒、内蒙古、湖北、新疆、黑龙江和浙江等地。 价格与补贴：售价 1.02 万~1.5 万元，补贴 5000~7300 元。			
南京天辰礼达自动驾驶系统	销售台数	市场占比	销量排名	主要产品
	≥7342 台	≈7.09%	第 5 位	X10BD-2.5GD 北斗导航农机自动驾驶系统
	销售地区：北大荒、内蒙古、新疆、黑龙江、江苏和河南等地。 价格与补贴：售价 1.0 万~1.7 万元，补贴 5000~7300 元。			
西安合众思壮自动驾驶系统	销售台数	市场占比	销量排名	主要产品
	≥4966 台	≈4.80%	第 6 位	EAS201BD - 2.5GD 北斗导航农机自动驾驶系统
	销售地区：新疆和新疆兵团，以及内蒙古等地。 价格与补贴：售价 1.0 万~1.3 万元，补贴 4200~5000 元。			
上海司南自动驾驶系统	销售台数	市场占比	销量排名	主要产品
	≥4647 台	≈4.49%	第 7 位	G360ProBD - 2.5GD 北斗/GNSS 农机自动导航驾驶系统
	销售地区：北大荒和内蒙古等地。 价格与补贴：售价 1.48 万元，补贴 7300 元。			
北大荒精准自动驾驶系统	销售台数	市场占比	销量排名	主要产品
	≥4261 台	≈4.12%	第 8 位	BK50XBBD - 2.5RD 北斗农机自动驾驶仪
	销售地区：北大荒和内蒙古等地。 价格与补贴：售价 1.48 万元，补贴 7300 元。			

产品名称	应用销售情况			
	销售台数	市场占比	销量排名	主要产品
上海适星自动驾驶系统	≥4198 台	≈4.06%	第 9 位	AX2000BD－2.5GD 北斗自动导航驾驶系统
	销售地区：北大荒、甘肃、新疆和黑龙江等地。 价格与补贴：售价 1.05 万~1.5 万元，补贴 4200~7300 元。			
哈尔滨星途导航	销售台数	市场占比	销量排名	主要产品
	≥3532 台	≈3.41%	第 10 位	XT8000BD－2.5GD 型北斗导航农机自动驾驶系统
	销售地区：新疆和新疆兵团，以及内蒙古、江苏和青岛等地。 价格与补贴：售价 1.6 万~1.8 万元，补贴 7300 元。			

（4）科研单位

我国日益增长的农产品需求与急剧减少的农业资源和劳动力之间的矛盾愈加突出，成为阻碍大田农业发展的痛点。为此，中国农业大学、华南农业大学、上海交通大学、扬州大学、安徽农业大学和华中农业大学等诸多科研高校和专家开展了大田农业自主移动机器人研究（表 5.5）。

由车载信息服务产业应用联盟（TIAA）倡议，国内众多龙头科研、企业单位共同组织推进了农业全程无人化作业示范活动，组织主要作物的全程无人化作业试验工程路线图编制、通信协议与接口标准制定、全电作业体系构建、随性感知技术攻关和农业无人化的国际化推广等工作，极大加速了我国无人化农机、农机自动导航产业的发展。截至目前，在全国已建立起 31 个无人农业作业试验区，覆盖水稻、玉米、小米等 14 种代表作物，累计投入智能农机和系统 62 万台（套），智能化作业面积达到 1.7 亿亩。

卫星自主导航系统由于时钟差、卫星星历有误差、电离层延迟和对流层延迟等原因存在定位精度误差，为进一步提高农机卫星自主导航精度、增强自主导航可靠性，目前采用构建双模或多模卫星自主导航系统使作业精度和稳定性得到显著提高，尤其是在变速条件和存在信号干扰环境的工况下。同时，在 GNSS 与惯性导航融合提升导航精度的基础上，进一步与雷达、视觉融合的无人驾驶农机的安全避障成为热点；基于视觉对垄线、作物行、树行的检测与卫星信号全局导航的融合，有效提升了无人驾驶农机行间行走作业的安全性和精度。

表 5.5 我国农业无人农机与导航技术研究

导航模式	传感器	研究图片	单位
全局导航	RTK-BDS		江苏大学
	RTK-BDS		北京市农林科学院信息技术研究中心
	RTK-BDS		华南农业大学
	RTK-BDS		南京农业大学
	UWB+INS+UT		国家数字农业装备（人工智能和农业机器人）创新分中心

导航模式	传感器	研究图片	单位
局部导航	Camera		江苏大学
	Camera		安徽农业大学
	Camera		华中农业大学
	Lidar		国家数字农业装备（人工智能和农业机器人）创新分中心
	Lidar		中国农业大学
	Lidar		苏州大学

导航模式	传感器	研究图片	单位
混合导航	RTK-GPS+Camera		扬州大学
	RTK-GPS+Lidar		中国农业大学

6

我国农业机器人新型产业链结构

6.1 传统农机产业链

传统农机的产业链构成如图 6.1 所示，以发动机、曲轴、万向节、法兰盘等机械零部件的供应体系为支撑。而智能农机装备产业中，传统机械零部件外的电子器件比重大幅增加、非传统机械零部件的新型机构、装置比重大幅增加，传统的农机产业链已难以满足智能农机装备产业发展的需要，传统的农机分类体系也已远远难以跟上智能农机装备产业发展的新形势。

6.2 农业机器人新型产业链结构

传统农机的上游产业主要为机械零部件、动力部件制造商和基础材料制造供应商。与之相比，由于农业机器人高度智能化、系统构成复杂，农业机器人的产业链构成也更为复杂。

以最具代表性和产业链最为复杂的采摘机器人产业为例（图 6.2）。与传统农机产业链相比，采摘机器人产业链更长，由传统农机产业链的 5 级变为 7 级，上游产业更是由简单的"原材料→零部件" 2 级结构变为"原材料→零器件→部件→单元"的 4 级结构；与传统农机以"金属材料→机械零部件→机械整机"为主的产业链相比，其产业链中非机械的构成非常突出：

① 在部件构成上，除机械与动力系统外，检测系统、导航系统、识别定位系统、控制系统、电力系统的比重大大增加。

② 在零器件构成上，电子器件、光学器件、通信器件、芯片等占有极高的比重。

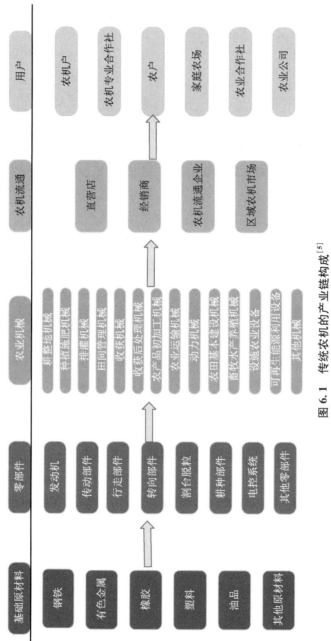

图 6.1 传统农机的产业链构成[5]

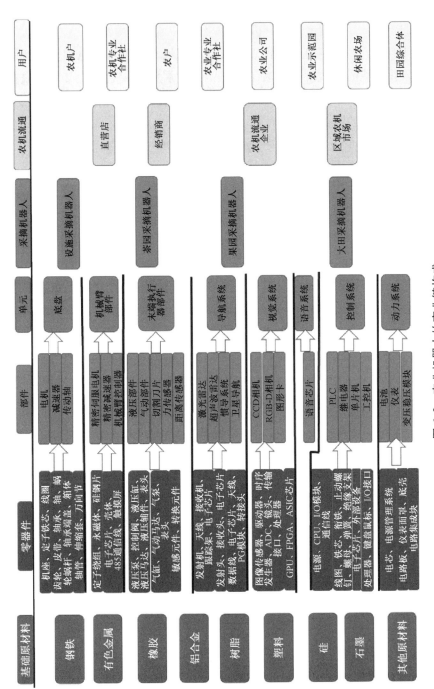

图 6.2 农业机器人的产业链构成

同时，农业机器人对精密减速器、精密轴承和以电动为主的底盘等机械部件的要求，显著超出传统农机面向一致性作业的技术要求。

农业机器人产业链的这一特点，既具有现代农机装备向电液化、智能化、无人化发展的一致性，代表了农机工业发展的客观趋势；又具有农业机器人的特殊高复杂度和3.0级以上的更高智能化要求。其产业链上游已大大跨出传统农机的零部件供应体系，而进一步受到电力电子、传感、导航、视觉、芯片等产业的影响；其产业链下游也不再仅限于生产性农业主体，而进一步扩展到涉农的生产、流通、休闲农旅等领域。

农业机器人产业是机器人产业和农机产业的交叉性新型产业。从价值分布来看，智能机器人产业链各环节毛利率曲线呈微笑形（图6.3），产业链上游的高端核心部件和下游的系统集成环节附加值较高，而产业链中游的本体制造毛利率较低。对于农业机器人产业，其上游既具有与机器人产业公共的核心部件供应体系，又具有针对农业机器人的更复杂和更高要求柔性与刚柔耦合关节模组、灵巧通用柔性末端、农业专用视觉系统等部件比机器人标准部件的技术要求更高、附加值也更高。与本体制造相比，农业机器人的系统集成更加强调面向特定农业需求提出系统解决方案，形成有针对性的机器人架构与核心算法，其技术门槛远高于本体制造和工业机器人的系统集成，具有较大的利润空间。

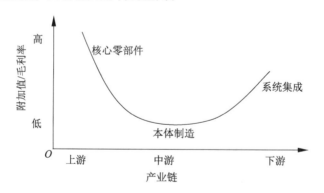

图6.3　机器人产业链的毛利率微笑曲线

6.3　农业机器人产业链主要产业

核心零部件技术是机器人本体企业的核心任务与核心竞争力。一方面，高性能零部件是实现机器人感知与运动的基础；另一方面，核心零部件在整个农业机器人制作中的成本占比较高。据中国机械工程学会统计，核心零部件在传统工业机器人整机成本中的占比达到70%。

6.3.1 底盘

目前的农业机器人底盘主要包括轮式机器人底盘、履带式机器人底盘和腿式机器人底盘等型式（图6.4）。

(a) 轮式机器人底盘　　　　　　　(b) 履带式机器人底盘

(c) 腿式机器人底盘

图6.4　农业机器人底盘

表6.1列出了全球机器人底盘的主要制造商及其代表性产品，可以看出，全球机器人底盘供应商主要分布在美国、日本、加拿大、德国等发达国家。

表6.1　全球机器人底盘主要制造商及其代表性产品

制造商	国家	代表性产品
KUKA（库卡）	德国	KMP 1500、OmniMove
ABB	瑞士	IRB 2400/16、IRB 4600
FANUC（发那科）	日本	M-1iA、M-710iC/45M
Yaskawa Motoman（安川）	日本	HC10、GP8

制造商	国家	代表性产品
Universal Robots (UR)	丹麦	UR3、UR5、UR10e
Omron Adept	美国	Hornet 565
Clearpath Robotics	加拿大	Husky UGV、Warthog UGV
Boston Dynamics	美国	Spot、Handle

全球农业机器人底盘的制造商主要有加拿大的 Clearpath Robotics 公司、以色列的 Roboteam 公司、西班牙的 Agrobot 公司、美国爱科公司（AGCO Corporation）旗下的 Asgrow 公司、西班牙的 Robotnik 公司、日本的 Yaskawa Electric Corporation 公司以及德国的 Kuka AG 公司。我国农业机器人底盘的主要生产厂商包括大疆创新、青岛鼎信通讯、深圳市金铭睿电子、北京中科原动力以及北京履坦科技等公司。近年来，我国电动汽车产业的爆发式发展也为农业机器人底盘的研发、供应提供了强大的支撑力。

6.3.2 机械臂

农业机器人中的水果采收机器人、剪枝机器人和移栽机器人等通常需要用到"机械臂+末端执行器"来代替人工进行作业（图 6.5 和图 6.6）。国外协作机器人企业起步较早，技术成熟，市场份额占比较高，传统以 KU-KA（库卡）、ABB、FANUC（发那科）、Yaskawa Motoman（安川）等国际巨头企业生产的商用化机械臂为主流，机械臂控制器以奥地利 KEBA 和韩国的达因立方等为主要生产厂商。表 6.2 列出了全球协作机器人的主要制造商及其代表性产品。

表 6.2　全球协作机器人主要制造商及其代表性产品

制造商	国家	代表性产品
KUKA（库卡）	德国	KR 3 AGILUS、KR 60-3
ABB	瑞士	IRB 6700、IRB 4600
FANUC（发那科）	日本	LR Mate 200iD、M-20iA
Yaskawa Motoman（安川）	日本	MH5、GP7
Universal Robots（UR）	丹麦	UR3、UR5、UR10e
DENSO Robotics	日本	VS-Series、VM-Series

制造商	国家	代表性产品
Stäubli Robotics	瑞士	TX2 Series、TS2 Series
Kawasaki Robotics	日本	RS007N、RS20N
Epson Robots	日本	SCARA 系列、6 轴机械臂
Comau	意大利	Racer3、Rebel-S
AUBO Robotics	中国	Aubo-i5、Aubo-i10

图 6.5　轻量协作臂

图 6.6　一体化关节模组

国内协作机器人企业通过近年来的发展，市场规模逐渐扩大，据新思界产业研究中心发布的《2023—2027 年中国协作机器人产品市场分析可行性研究报告》统计，2022 年我国协作机器人销量约为 3.5 万台，市场规模达到 36.05 亿元。目前我国协作机器人市场已存在多家企业，市场集中度较高，其中，遨博占比为 33.3%，优傲占比为 30%。此外，节卡机器人占比为 9.6%，达明占比为 5.4%，大族机器人占比 4.7%。主要制造商及其代表性产品如表 6.3 所示。

关节模组是机器人关节部分的核心组成，对机器人的运动和灵活性至关重要，现在更多企业以模块化的关节模组和机器人控制器为主进行采摘机器人的灵活开发。国内关节模组主营制造商及其代表性产品如表 6.4 所示。

表 6.3 国内协作机器人主要制造商及其代表性产品

制造商	代表性产品
遨博机器人	I5 协作机器人
节卡机器人	JAKA Zu 5 协作机器人
大族机器人	Elfin 系列协作机器人
中科新松	GCR20-1100 协作机器人
达明机器人	TM5-900 协作机器人
艾利特机器人	EC66 六轴协作机器人
非夕科技	RIZON 拂晓机器人
珞石机器人	xMate7Pro 协作机器人
长广溪智造	G6 协作机器人
越疆机器人	CR 系列协作机器人 CR3
睿尔曼智能科技	睿尔曼 RM65-BI SE
思灵机器人	Diana 7

表 6.4 国内关节模组主要制造商及其代表性产品

制造商	代表性产品
广州精谷智能	CJU 系列机器人
绿的谐波	谐波减速器
科尔摩根	RGM 机器人
泰科智能	DJB 系列、MJX 系列、RJSII 系列、RJSIIZ 系列
大族电机	DD 力矩电机系列产品

高精度编码器是伺服电机的核心技术，我国严重依赖进口，亟待突破。目前全球机器人行业 75% 的精密减速器被日本纳博特斯克和哈默纳科两家企业垄断，机械臂精密交直流伺服电机也以 Yaskawa Motoman（安川）、Panasonic（松下）、Maxon 等企业的产品为主。近年来，我国本土也涌现出以绿的谐波、南通振康等为代表的国产精密减速器，逐步打破该产品被国外厂商垄断的局面，但国产精密减速器在产品系列、使用寿命、产品一致性等方面与国外产品仍存在一定差距。

6.3.3 手爪

6.3.3.1 夹持器

机器人手爪（末端执行器）是用于抓取、操作的关键部件。由于农业机器人的作业任务多样、作物品种丰富，目前采摘、打叶、套装、整枝、疏果等专用末端尚未形成产品系列。市场上以气动或电动机器人夹持器为主，德国 Festo（图 6.7a）、丹麦 Rosborg（图 6.7b）等开始推出农业专用的夹持手爪。全球机器人手爪主要制造商及其代表性产品如表 6.5 所示。

(a) 德国Festo公司的夹持手爪   (b) 丹麦Rosborg公司的夹持手爪

图 6.7　机器人手爪

表 6.5　全球机器人手爪主要制造商及其代表性产品

制造商	国家	代表性产品
SCHUNK	德国	PGN-plus、JGP
Robot System Products（RSP）	瑞典	Swivellink
Zimmer Group	德国	GEP2000
OnRobot	丹麦	RG2、RG6
Soft Robotics	美国	Morpheus Gripper
Destaco（Dover）	美国	80M 系列
SAS Automation	德国	AGS Gripper
Applied Robotics	美国	Sigma NextGen
ATI Industrial Automation	美国	QC-11 Automatic Tool Changer
SCHMALZ	德国	SPZ Series
Barrett Technology	美国	WAM Arm

国内也涌现了一批发展迅速的机器人手爪制造商，涉及工业和服务机器人等领域。表6.6列出了我国机器人手爪主要制造商及其代表性产品。

表6.6　国内机器人手爪主要制造商及其代表性产品

制造商	代表性产品
钧舵机器人	JQ3-5 三指工业灵巧手、2 kg 级 JQ3-2 三指灵巧手
大寰机器人	AG-95L、AG-95、AG-145、DH-3 多款两指/三指大行程机器人夹爪/灵巧手；PGC/CGC 系列两指与三指平行协作电爪，以及 PGE、PGI、RGI 、PGS 等十余款手爪
知行机器人	两指和三指末端执行器
因时机器人	RH56DF3 系列
蓝胖子智能	DoraHand 多指灵巧手
南京科沃斯机器人	KACSKOVOS 系列
菁特智能	RG2、RG6
大族激光	激光切割机器人抓手
恒顺众昊（HCR）	HCR-GR 系列
上海步科机器人	步科抓手系列
华芯智能	HXRobot 系列
上海铂阁机器人	铂阁抓手系列

6.3.3.2　多指灵巧手

在传统刚性夹持器之外，灵巧手和软体手由于更强的通用性和柔性而得到了快速发展。多指灵巧手模仿人手的多指、多关节结构，具备类似人类手部的操作能力，集成驱动、传动和传感技术，能够执行复杂的任务。例如，德国雄克推出的五指灵巧手（图 6.8a），加拿大 Robotiq 推出的 Robotiq 三指夹持器（图 6.8b），以及英国 Shadow Robot 研制的拥有 24 个自由度的灵巧手（图 6.8c）等产品都是国际机械手爪的明星产品。但国外灵巧手产品以高度复杂的传感配置和复杂灵巧控制为目标，价格高昂，主要应用于科学研究。随着传感技术、材料科学和机器学习的进步，灵巧手技术不断取得突破和创新。面向人形机器人的大规模商业化，特斯拉研发的 Optimus 灵巧手采用"电机驱动+腱绳传动"解决方案，使用了一体化的空心杯电机模组，单手共有 11 个自由度和 6 个执行器，其中大拇指有两个执行器，其余 4 个手指各有 1 个执行器，并配有多种精密齿轮和传感器。我国在灵巧手产品的商用化领域发展迅猛。国产灵巧手直接面向应用，通过缩减关节数量和传感器配置，迅速将灵巧手从昂贵、前沿的设备推向生产、生活应用。

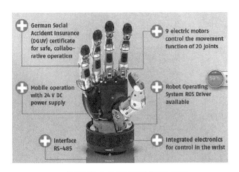

(a) 德国雄克公司的五指灵巧手

(b) 加拿大 Robotiq 公司的三指夹持器

(c) 英国 Shadow Robot 公司的灵巧手

图 6.8　机器人灵巧手

6.3.3.3　软体手

鱼鳍效应手是目前获得快速产品化的软体手爪，其利用鱼鳍在受力后向施力反方向弯曲的奇特现象——鳍条效应（fin ray effect），实现对不同目标的柔性抓取，具有很强的通用性，在农业机器人领域得到推崇（图6.9）。

(a) 柔性鳍条六足机器人[7]

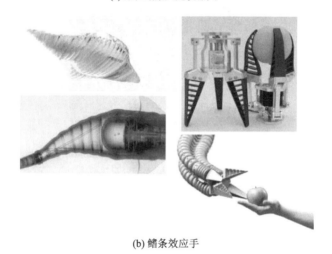

(b) 鳍条效应手

图 6.9　鳍条机器人和效应手

但是，多指灵巧手和软体手应用于农业场景的作业时，其目标的差异性、目标姿态及其与植株冠层环境的关联性远比工业场景复杂，作业任务也往往不限于目标的抓取。多指灵巧手和软体手方案尚不能直接满足农业机器人的作业需求。

6.3.4　导航系统

全球机器人导航系统的制造商涵盖多个领域，包括工业、服务机器人和自主移动机器人等。表6.7为全球机器人导航系统主要制造商及其代表性产品。

表6.7　全球机器人导航系统主要制造商及其代表性产品

制造商	国家	代表性产品
Robotnik Automation	西班牙	RB-1 BASE
Clearpath Robotics	加拿大	Husky UGV、Warthog UGV
MiR（Mobile Industrial Robots）	丹麦	MiR100、MiR200
Fetch Robotics	美国	Fetch and Freight
KUKA（库卡）	德国	KMP 1500
Omron Adept	美国	Lynx Autonomous Intelligent Vehicle（AIV）
Aethon	新加坡	TUG
BlueBotics	瑞士	ANT Navigation
Swisslog	瑞士	CarryPick
Brain Corp	智利	BrainOS
SLAMcore	英国	Spatial AI solutions for robotics

激光雷达已成为农业机器人自主导航的核心部件。我国激光雷达产业近年来取得显著发展，特别是多线固态激光雷达市场，已形成中国一枝独秀的局面。禾赛科技以47%的市场份额连续两年稳居全球车载激光雷达市占率第一，中国激光雷达企业全球市占率合计超过七成。禾赛科技、速腾聚创、图达通等激光雷达领军企业在全球市场占据显著份额，且产品性能优异，技术迭代能力强。基于强大的制造力和市场需求，激光雷达正在不断从高不可攀的导航部件向万元、千元级下探，也为我国农业机器人的技术与产业发展提供了强大支撑。国内激光雷达主要制造商及其代表性产品如表6.8所示。

表 6.8 国内激光雷达主要制造商及其代表性产品 *

制造商	代表性产品	应用领域
华为	96 线激光雷达，搭载阿尔法 SHI、阿维塔 11、机甲龙、哪吒 S 等车型	乘用车自动驾驶/ADAS
览沃科技（大疆旗下公司）	车规级激光雷达 HAP、工规级激光雷达觅道 Mid-70/傲览 Avia 等	自动驾驶、机器人、智慧城市等
万集科技	单线工业防撞雷达/导航雷达/测量雷达，车载 8 线/16 线雷达，32 线路测雷达	激光安全 & 防护、激光测量、激光导航、自动驾驶、智慧高速、智慧城市
欧菲车联（欧菲光全资子公司）	纯固态激光雷达	乘用车 & 商用车自动/辅助驾驶
中海达	车载激光测量系统、地面三维激光扫描仪、车载三维激光移动测量系统、船载测量系统、slam 便捷式移动测量系统	基础测绘、监测、海洋探测 & 水文、海航、三维激光移动测量等
莱恩光电	LDR-1000 系列激光雷达，SLDR-1000 系列安全激光扫描仪	人身安全解决问题、模具安全解决方案、工业自动化安全控制
欧镭激光（巨星科技控股）	1D、2D、3D 激光雷达，高精度激光扫描仪，姿态传感器，红外探测传感器	激光安全 & 防护、激光测量为主，其次激光导航，用在矿区等场景
天眸光电（光晟科技子公司）	16 线激光雷达、64 线固态激光雷达	机器人、车载
奥瑞达（奥比中光子公司）	OrdarrayTM 系列激光雷达（全固态）	车载
氪见科技（科沃斯子公司）	KR S50 单点扫描激光雷达	服务机器人、智慧城市、室内测绘和物联网
禾赛科技	AT128 线车规级半固态，Pandar 128/64/40 线，QT128/64 线，XT32 线，甲烷遥测仪	自动/辅助驾驶乘用车 & 商务车、机器人、低速无人驾驶等
速腾聚创	车规级固态激光雷达 M1，机械式激光雷达 RS 系列，静态激光雷达 Seeker，感知系统解决方案，真值 & 测评系统，激光雷达感知软件	自动/辅助驾驶乘用车 & 商用车、机器人、低速无人驾驶、智慧交通新基建

* 资料来源：Tech Torch. 76 家国产激光雷达公司盘点 [EB/OL]. (2023-02-03) [2023-07-20]. https://zhuanlan.zhihu.com/p/599445392，有改动。

制造商	代表性产品	应用领域
镭神智能	车规混合固态激光雷达 CH 系列，车规 1550 nm 混合固态激光雷达，多线机械式激光雷达，高频扫描激光雷达 HS 系列，高端远距离激光雷达，高端测绘激光雷达 MS 系列，轨道交通激光雷达 LS/CH 系列，风力发电设备激光雷达，单点激光雷达，TOF 单线激光雷达，三角法激光雷达，相位法激光雷达，FMCW 激光雷达，Flash 激光雷达	无人驾驶及汽车辅助驾驶、智慧交通、机器人、物流、安防、测绘、港口和工业自动化
图达通	图像级远距离激光雷达捷豹精英版，车规级超远距离激光雷达猎鹰，路况感知和管理软件解决方案 Omni-Sense	自动/辅助驾驶乘用车 & 商用车、机器人、低速无人驾驶等
一径科技	MEMS 激光雷达 ML-30s、ML-Xs，点云算法	车载，机器人
北醒光子	长距激光雷达，单点测距激光雷达，固态面阵激光雷达，激光雷达入侵监控系统	汽车自动驾驶 &V2X，智慧交通，料（液）位检测，工业 & 服务机器人，物联网，无人机 & 安防
洛微科技	纯固态大视场近场激光雷达 D 系列，微型 Flash LiDAR 芯片，微型 Flash LiDAR 模组，以及应用场景数据优化、多传感器融合解决方案	自动/辅助驾驶乘用车 & 商用车、机器人、低速无人驾驶、工业自动化等

6.3.5 视觉系统

6.3.5.1 机器人视觉系统

机器人视觉系统供应商主要提供各种用于机器人感知和视觉识别的解决方案，包括 2D 和 3D 视觉系统、红外相机、深度相机等，用于实现机器人在不同环境中的感知和识别任务。表 6.9 为全球机器人视觉系统主要制造商及其代表性产品。

表 6.9　全球机器人视觉系统主要制造商及其代表性产品

制造商	国家	代表性产品
Cognex	美国	In-Sight 系列
Basler AG	德国	Basler blaze ToF 相机

制造商	国家	代表性产品
Keyence	日本	CV-X 系列
Teledyne DALSA	加拿大	Genie Nano 系列
IDS Imaging Development Systems	德国	Ensenso 3D 相机系列
FLIR Systems	美国	Boson 红外相机
Omron Corporation	日本	FHV7 系列
SICK AG	德国	Inspector 系列
Matrox Imaging	加拿大	Iris GTR
National Instruments（NI）	美国	LabVIEW Vision Development Module
Intel RealSense	美国	D400 系列

　　机器视觉作为农业机器人最大的信息源，具有感知信息丰富、采集信息完整、识别信息直接等特点，直接支持农业机器人达到一定的自主性和精确性，从而提高农田操作的效率和生产力。在农业机器人领域，机器视觉信息感知的准确性和可靠性易受自然光照、风力、阴影、遮挡等非结构化环境因素，以及作业对象的随机性、多样性等个体特征的影响，进而影响农业机器人智能化作业效率和成功率，制约农业机器人技术的推广与应用。农业机器人的视觉系统往往需要双目视觉系统和 RGB-D 视觉系统实现复杂场景与目标的识别定位，RGB-D 相机得到广泛应用，微软的 Kinect 系列是较早应用于农业机器人的集成式、低成本 RGB-D 相机。著者早在 2013 年即开始将英特尔的 RealSense 系列 RGB-D 相机应用于巡检、秧苗分选、采摘等各类农业机器人系统的研发，目前其已成为农业机器人中应用最为广泛的视觉部件。国内的奥比中光等企业已能提供较成熟的 RGB-D 视觉方案和硬件，但其性能与函数库支持等仍与发达国家存在一定差距。

6.3.5.2　农业机器人专用视觉系统

　　全球农业机器人视觉系统供应商主要提供各种视觉系统和机器视觉技术（表6.10），用于农业机器人的图像捕捉、目标检测、障碍物避免和作物识别等任务，有助于提高机器人农田操作的自主性、效率和精度。

表 6.10 全球农业机器人视觉系统主要制造商及其产品应用

制造商	国家	应用案例
Blue River Technology	美国	植物/杂草定位机器人
Octinion	比利时	草莓采摘的 Rubion 机器人
Agrobot	西班牙	柑橘类水果采摘
Augean Robotics	美国	农田操作和货物运输
Bosch Deepfield Robotics	德国	农业机器人导航和操作
Naio Technologies	法国	除草和收割作业
Smart Ag	美国	农田管理

国内农业机器人视觉系统主要企业及其产品、应用如表 6.11 所示。

表 6.11 国内农业机器人视觉系统主要企业及其产品、应用

企业名称	代表性产品	应用案例
大疆创新（DJI）	DJI Mavic 3 Pro、DJI Mini 4 Pro、DJI Air 3 等航拍无人机，DJI Pocket 2 等手持摄影产品，以及 Ronin、Inspire 等专业影像设备	农田监测和操作的农业机器人视觉系统和图像捕捉技术
极飞科技	农业无人机和遥感无人机系列产品	农业无人机、遥感无人机
丰疆智能	疆驭农机自动导航系统、疆驭 AT2 自动驾驶系统	农机自动驾驶系统
极目机器人	极目玉米多用途植保无人机	自主驾驶、机器视觉等前沿技术在农业植保无人机中的应用

6.3.6 控制系统

农业机器人控制系统是管理和控制农业机器人的关键部分，使其能够执行特定的任务，适用于不同类型的农业机器人，包括无人机、自动驾驶拖拉机和其他自主农田作业设备。表 6.12 列出了全球机器人专用控制系统主要制造商及其代表性产品。

表 6.12 全球机器人专用控制系统主要制造商及其代表性产品

制造商	国家	代表性产品
ABB	瑞士	IRC5
FANUC（发那科）	日本	R-30iB
KUKA（库卡）	德国	KRC4
Yaskawa Motoman（安川）	日本	DX200
Siemens	德国	Simatic S7-1500
Beckhoff Automation	德国	TwinCAT
Rockwell Automation	美国	ControlLogix
Omron Corporation	日本	NJ/NX 系列
Schneider Electric	法国	Modicon M580
Mitsubishi Electric	日本	iQ-R 系列
B&R Industrial Automation（ABB Group）	奥地利	Automation Studio

农业机器人专用控制系统在视觉、图形计算和人工智能计算方面，对 CPU、GPU、FPGA、ASIC 等芯片的要求很高，目前芯片的生产仍主要依赖英特尔（Intel）、德州仪器（Texas Instruments）、商通（Qualcomn）、英伟达（NVIDIA）、恩智浦半导体（NXP Sepmiconductors）等国际巨头。

中国农业机器人专用控制系统的主要生产企业是极飞科技、博田自动化、大疆创新等。PLC（可编程控制器）则以西门子、施耐德、罗克韦尔、GE、三菱、欧姆龙等欧美供应商的产品为主，然而永宏、和利时、安控、丰炜、信捷等企业的国产 PLC 正在不断发力。

6.3.7 传感器

传感器是农业机器人的关键技术组成部分之一，其应用范围涵盖温室智能控制、农业机械收耕、病虫害识别、农产品溯源等领域，用于农业机器人的环境感知、图像捕捉、障碍物检测和作物识别等任务。美国、德国和日本等国家在农业传感器领域的专利申请、转让、生产销售等方面已形成较为成熟的产业模式，并几乎垄断了感知元器件、环境传感器、动植物生命信息传感器等相关产品市场。全球主要农业机器人传感器企业提供用于农田监测和作物识别的激光传感器、超声波传感器和视觉传感器等的 SICK AG 公司。

农业机器人田间移动作业的实时感知、随行感知传感器对农业环境、作物信息等数据获取的实时性、现场信号处理的及时性、现场融合决策与反馈的效率等具有极高要求，现有传感器从检测原理到运算处理均与实际需求存在明显的差距。

在农业机器人领域，目前距离、接近感知器仍以夏普生产的红外测距超小型距离传感器为主，机器人的微型一维、多维力传感器以美国的 ATI、OMEGA、FUTEK 等公司产品为主，天津丽景、深圳威思特等公司的微型力传感器在精度、小型化等方面与国际先进产品仍存在差距，多维力传感器差距较大。

著者对可用于农业机器人的传感器类型及其主要制造商进行了归纳，具体信息如表 6.13 所示。

表 6.13　可用于农业机器人的传感器类型及其主要制造商

传感器类型	主要功能	主要制造商
GNSS 传感器	用于全球导航卫星系统（GNSS）定位，保障农业机器人在农田内的准确定位	Trimble、NovAtel、u-blox
视觉传感器	包括摄像头和激光雷达，用于障碍物检测、作物识别和地形感知	Velodyne Lidar、FLIR Systems、Teledyne Optech、Keyence Corporation
气象传感器	用于监测气象条件，包括温度、湿度、风速、降水量等	Campbell Scientific、Davis Instruments、Meter Group
土壤传感器	用于测量土壤湿度、温度、pH 值和其他土壤参数，以优化灌溉和施肥	Decagon Devices、METER Group、Sentek
超声波和红外线传感器	用于距离测量和避障	MaxBotix、Sharp、STMicroelectronics
GPS 传感器	用于实时定位和导航	NovAtel、Trimble、Septentrio
姿态传感器	用于测量机器人的姿态和方向	Xsens、InvenSense、STMicroelectronics

6.3.8　动力系统

机器人的动力系统是其运行和执行任务的基础，通常包括能源供应和动力传输两个关键部分。表 6.14 介绍了全球机器人动力系统主要制造商及其代表性产品。

表 6.14　全球机器人动力系统主要制造商及其代表性产品

制造商	国家	代表性产品
Harmonic Drive AG	德国	Harmonic Drive©红色系列、CanisDrive©系列
Maxon Motor	瑞士	EC 系列无刷直流电机、GPX 系列齿轮头
ABB	瑞士	IRB 6700 机器人系列、IRB 2600 机器人系列
KUKA（库卡）	德国	KR QUANTEC 系列、KR AGILUS 系列
Yaskawa Electric Corporation（安川电机）	日本	Sigma-7 伺服电机、Motoman 机器人系列
Siemens	德国	Simotics 电机系列、Sinamics 驱动器系列
Bosch Rexroth	德国	IndraDrive 驱动系统、IndraDyn 伺服电机
Parker Hannifin	美国	Compax3 伺服控制器、ACR9000 控制器
Nidec Corporation	日本	Nidec Servo 驱动器、Nidec Motor 电机系列
Faulhaber Group	德国	Coreless DC 电机、微型齿轮头
Elmo Motion Control	以色列	Gold Line 伺服驱动器、Whistle 电机系列

农业机器人的动力系统通常包括电池、发动机或电动机、液压系统以及其他动力组件。全球农业机器人动力系统的主要制造商包括美国的 John Deere、AGCO Corporation 公司，意大利的 CNH Industrial 公司，以及日本的 Kubota 和 Yanmar 公司。

受益于电动汽车等产业的迅猛发展和强大需求，中国锂电池产业爆炸式发展，目前全球 75% 以上的锂电池在中国生产。天能、超威等中小电池组和宁德时代、比亚迪等大功率锂电池生产在全球占有重要地位。国内新能源汽车、锂电、光伏等战略性新兴产业的迅速发展为农业机器人的电力供应提供了强大支撑。

7

我国农业机器人研发动态与代表案例

7.1 整体发展现状

7.1.1 农业信息化与人工智能系统现状

① 整体上超快发展，智慧农业从技术热点快速成为社会共识和行业共识。2016 年，智慧农业被首次写入"中央一号文件"，标志着智慧农业已被上升至国家经济发展战略高度；2021 年，国务院印发《"十四五"推进农业农村现代化规划》，进一步定位智慧农业是现代化发展的必然趋势。在政府引导、市场主导、社会参与的智慧农业发展协同推进机制下，企业主动投入、农民和新型农业经营主体广泛参与的智慧农业共建格局正在形成，市场主体正在成为建设智慧农业的重要力量。目前我国智慧农业应用渗透率不到 1%，但 2021 年智慧农业市场规模高达 685 亿元，2022 年更是达到 743 亿元，未来需依靠科技和改革双轮驱动，加快建设智慧农业强国。

② 在农业信息数据获取方面，天、空、地不同尺度的信息获取问题已逐步解决，但信息的跨尺度逐级递进与协同互补问题尚未得到解决；同时，现有大数据库、云服务器等平台解决了数据的海量获取与存储难题，但对数据精度无法进行有效验证，更无法保证信息的可信度。在农业信息数据解析方面，养分水平/土壤湿度与气象条件等数字量和可见光/高光谱/多光谱/荧光图像、孢子浓度等多类数据的采集问题已得到解决，但多源异构异质数据的时空匹配与信息融合感知、解析、诊断仍是"卡脖子"问题，严重制约了农业信息化与人工智能系统技术的发展。

③ 在农业智慧管控方面，气象-水-肥的信息采集和传输产品已成熟，且定时、定点、定阈值的管控设备大量投入应用，变量控制硬件与物联网控制技术逐渐成熟，但有装备无模型、有模型缺评价问题突出，对农业增产增收、减损降耗的效能有待提高。同时，机理模型与人工智能模型偏于

国外开源模型的二次开发，并局限于局部特定场景条件而严重缺乏拓展性和适用性；在信息获取、信息处理和智慧管控的各环节间依赖人工处理，全自主、全自动数智融合的获取-解析-决策-调控的集成与应用等关键技术仍需重点攻克。

7.1.2 农业智能装备与机器人现状

从农机装备智能化的不同层级来看，目前总体情况可以概括为3点：

① 智能化已成为现代农机产品性能提升的亮点，智能农机产品的推广普及迅猛。在整机方面，遥控型的植保无人机已全面普及并迅速进入产能过剩阶段，遥控型的割草机、小型翻耕机、施药机、畜禽舍消毒机和定时的喷灌、水肥一体化系统等迅速产品化并投入农业生产。在智能化升级方面，激光平地、智能排种监视、电子围栏、自动测亩计价、仿地飞行（图 7.1）、智慧驾驶舱等的快速装备，大大提升了农机的作业性能与作业管理水平；农机混合动力智能管控（图 7.2）、天空地一体农情感知、非健康秧苗自动检测、仿形与变量施药、收割机清选损失检测等智能化技术的科研已取得重要进展，正在加速落地。

图 7.1　极目仿地飞行植保无人机　　图 7.2　德邦大为精量播种机及其智能
播种云监控系统

② 在种植、养殖、水产等领域，导航与无人驾驶技术迎来了产业的快速发展。农机卫星导航系统已形成合众思壮、联适、华测等农机导航行业龙头企业，农机卫星导航系统产品趋于成熟且价格迅速下降；自动导航投饵船、自动导航拖拉机/插秧机/施药机/收割机快速产品化并走入生产，无人农场建设形成热潮，江苏省农业农村厅也于 2022 年 11 月在无锡组织了全

省首届水稻机收"无人化"作业比武竞赛（图7.3），引发热烈反响。但是，目前无人驾驶安全、自主、性能的堵点、痛点仍然十分突出，仍处于"叫好不叫座"状态，科研重点已迅速从无人行走的实现转向堵点问题，走向卫星导航与视觉、雷达及人工智能技术深度融合的场景，作物自适应和安全避障，从预建边界地图的路径规划走向无须预生成边界和面向适度规模、非标准田块的自主无重叠、无压苗（禾）路径规划。

图7.3 江苏省首届水稻机收"无人化"作业比武竞赛

③ 以视觉反馈为核心特征的农业机器人技术快速发展，由于果蔬茶生产的超密集劳动力投入已难以为继，生产中对农业机器人的需求日益迫切，对这一点，政府、制造业、农业生产企业已形成共识。在江苏，苏州博田是我国第一家农业机器人专业企业，江苏大学、南京农业大学、苏州大学、东南大学、江苏省农业科学院等形成了国内领先的农业机器人整体研发优势，并率先建立了采摘机器人等技术标准和场景建设指引，农业机器人研究已突破功能实现大关，迅速迈向高效、全自主和制造标准，每小时千果级双臂葡萄采摘机器人、每小时两千果级4臂猕猴桃采摘机器人、秧苗分选-移栽-补栽一体机器人、作物部位级病虫害全自主巡检机器人等均为行业首创，技术水平显著领先。2023年10月20日，江苏省智能农机装备产业联盟成功组织举办了全省农业机器人暨电动农机展演示活动（图7.4），来自江苏省内外近40家高校、科研院所、企业的100多台（套）智能农机装备集中亮相并进行作业展演，江苏大学的双臂葡萄采摘机器人、4臂猕猴桃采摘机器人、4臂苹果采摘机器人的高速多臂同步作业演示震撼全场。

图 7.4　江苏省农业机器人暨电动农机展演示活动

7.2　主要单位研发进展

7.2.1　研发力量整体情况

我国农业机器人（狭义范围）的研发始于 21 世纪伊始，中国农业大学、浙江大学、江苏大学、中国农业机械化科学研究院集团等最早启动农业机器人的研发工作，随后众多农业工程学科开设单位和农业装备研发科研院所不断进入，形成了我国农业机器人研发的热潮。近年来，农业机器人基础研究与研发不断向农业工程领域外的单位、团队扩展，相当一批农业科学、人工智能、智能制造、控制工程及机器人、导航等领域的科研力量快速进入，使我国农业机器人的研发水平不断提高。目前，我国农业机器人的科研力量总规模、科研成果、样机开发品类等均全球领先，其中各类作物的采摘机器人研发为绝对主流，同时授粉、套袋、巡检、对靶施药、对靶除草等机器人的研发也不断展开。

7.2.2 头部单位与团队

目前农业机器人中仍以采摘机器人为最典型代表，部分头部单位、团队已能够开发制成完整的机器人样机，近3年来更不断有机器人从实验室、仿真环境进入田间地头进行试验和验证。

7.2.2.1 中国农业大学

中国农业大学是我国最早开展采摘机器人研究的单位。张铁中教授在国内率先开展了蔬菜嫁接、草莓采摘等农业机器人的开拓性研究（图7.5）；李伟教授率领的团队掀起了我国采摘机器人研发的高潮，并在苏州创建了我国首家农业机器人企业——博田自动化技术有限公司，创制了草莓、番茄、黄瓜采摘机器人系统，并大力推动农业机器人标准和示范工程建设，获2020吴文俊人工智能科技发明二等奖、教育部科学技术发明二等奖。此外，何雄奎教授、博田自动化技术有限公司在植保机器人研发中也处于领先地位（图7.5）。

(a) 设施采摘机器人　　　　　　(b) 植保机器人

图7.5　中国农业大学研制的农业机器人

7.2.2.2 江苏大学

江苏大学是我国农业机器人技术与装备研发的龙头高校，建有我国唯一的国家数字农业装备（人工智能和农业机器人）创新分中心，是全国农业机器人产业科技创新联合体理事长和秘书长单位、江苏省智能农机装备产业联盟理事长单位等。江苏大学农业机器人的研发力量，除农业工程学科、智能农机装备理论与技术重点实验室的著者团队以外，还分布于食品工程学院、机械工程学院、电气信息工程学院等多个学院，形成跨学科的大研究团队。

江苏大学自 21 世纪初以来持续开展农业机器人的研究，形成了多类农业机器人的动力-结构-导航-视觉-控制成套技术积累，率先开启从功能实现向以作业性能为核心的研究转变，得到业界的普遍认可。江苏大学创造了农业机器人领域的多个第一：

① 成功研发我国第一台秧苗分选-移补一体机器人（图 7.6a）、第一台四行高架草莓苗自动移栽机器人[8]、第一台人型双臂葡萄采摘机器人、第一台浮动多关节 4 臂高速苹果采摘机器人（图 7.6b）、第一台 4 臂高速猕猴桃采摘机器人（图 7.6c）、第一台休闲农业跨媒体智慧导览人形机器人（图 7.6d）等。

(a) 秧苗分选-移补一体机器人[9]

(b) 4臂高速苹果采摘机器人

(c) 4臂高速猕猴桃采摘机器人

(d) 休闲农业跨媒体智慧导览人形机器人[3]

图 7.6　江苏大学研制的机器人

② 在我国最早开展快速无损采摘研究，最早提出快速大容差采摘、多臂无干涉协同规划、果实多目标分层采摘与图像动态刷新核心技术方法，最早形成线式快速吞咽手臂、多类多品种果实目标泛化识别定位方法、多臂多目标采序规划改进遗传算法、多类果园深度双峰通用感知与导航等核心技术方案。

③ 在我国首次实现田间现场双臂超 900 果/h 葡萄高效采收，首次实现 4 臂超 1800 果/h 猕猴桃高速采收。

④ 出版全球首部采摘机器人中英文专著。同时，第三方检索显示江苏大学的农业传感器、农业机器人领域专利量和高维持量位居全球高校首位[4, 6]。

7.2.2.3　西北农林科技大学

西北农林科技大学杨福增、崔永杰、傅隆生等团队，多年围绕西北优势作物猕猴桃和苹果开展机器人系统的攻关。猕猴桃采摘机器人从单臂到双臂历经优化升级，猕猴桃对靶授粉机器人已经进行下田测试，并且正在推进基于同一本体的猕猴桃疏蕾机器人的研发工作；双臂式苹果采摘机器人实现了下田测试，苹果的采摘-运输多机器人协同率先从理论进入实践阶段（图7.7）。

(a) 猕猴桃采摘机器人

(b) 猕猴桃授粉机器人

(c) 苹果采摘机器人

(d) 苹果采摘-运输多机器人协同

图 7.7　西北农林科技大学研制的机器人

7.2.2.4 浙江理工大学

浙江理工大学武传宇、陈建能团队在涉猎番茄、苹果等机器人采摘的基础上，在采茶机器人研发上形成了独特优势，从单臂到双臂、从并联到直角坐标、从导轨行走到履带底盘行走，机型以令人惊讶的速度不断迭代升级。他们研发的第五代智能采茶机器人已经达到每小时采摘 2000 多颗芽叶的效率，采茶成功率在 60% 以上，为攻克名优茶高效采收难题带来了曙光（图 7.8）。

(a) 采茶机器人早期机型　　　　　(b) 采茶机器人第五代机型

图 7.8　浙江理工大学研制的机器人

7.2.2.5 北京市农林科学院智能装备技术研究中心

北京市农林科学院智能装备技术研究中心也是我国较早开展农业机器人研发的单位之一。冯青春团队在单臂式草莓、番茄采摘机器人研发的基础上，最早推出了 4 臂苹果采摘机器人样机，并在陕西洛川进行了果园现场测试，目前采摘效率高达每小时 400~550 果（图 7.9）。同时，中心还在养殖场消杀机器人、巡检机器人、植保机器人等方面开展了卓有成效的研发工作。

(a) 采摘机器人样机　　　　　(b) 果园作业

图 7.9　北京市农林科学院智能装备技术研究中心研制的机器人及作业情形

7.2.2.6 南京农业大学

南京农业大学姬长英、周俊等团队较早开展了苹果等采摘机器人的研发。近年来，该校汪小旵团队、卢伟等开展了草莓、金丝皇菊、芦笋、蘑菇等采摘机器人的研发，并陆续下田测试，积极推动了农业机器人的物化和从实验室走向田间的发展步伐（图7.10）。

(a) 芦笋采摘机器人　　　　　　　(b) 金丝皇菊采摘机器人

图 7.10　南京农业大学研制的机器人

7.2.2.7 阿里巴巴达摩院 XR 实验室

阿里巴巴达摩院成立于 2017 年 10 月，重点布局人工智能、量子计算、集成电路等前沿科技领域。阿里巴巴达摩院 XR 实验室研发的苹果采摘机器人采用两侧六臂的机械结构，XR 实验室通过对果园、果树建模，构建出整个果园的虚拟三维模型，使机器人在虚拟的世界里面完成运动规划（图7.11）；同时还构建了一套农事服务管理平台，通过这套平台实现机器人生产数据的采集和管理。据公开报道，该机器人于 2021 年 9 月在陕西苹果基地开始单臂采摘的测试，单臂作业周期控制在 6 s 以内。阿里巴巴达摩院 XR 实验室的入局和对多臂机型的关注，表明我国正在开启农业机器人科研与产业发展的新局面。

图 7.11　阿里巴巴达摩院 XR 实验室研制的机器人

7.3 研发案例：双臂高速葡萄采摘机器人

7.3.1 研发背景、要求与重大挑战

7.3.1.1 研发背景与要求

葡萄是全球栽培面积最大、产量最多的水果，目前中国的葡萄总产量约占全球的 18%，但中国鲜食葡萄比例高达 85%，占全球鲜食葡萄产量的 1/2。

由于中国鲜食葡萄经营规模小、品种繁多、对市场敏感性高的生产特色，导致各农户常常出现多品种共种、换种现象，对机器人采收提出了"低损、多适、高速"三大核心要求：

① 鲜食葡萄必须保证采收中果粒不脱落、不伤粒，以保证葡萄的商品性和长贮藏期。该无损采收要求显著高于苹果、番茄等单果的采收要求。

② 机器人必须具有对多品种作物的通用识别与采摘作业能力，并能够适应复杂的现场光照、挂果密度、地面条件等差异和变化，才有可能服务于生产。

③ 农业生产中机器人的作业效率至为关键，只有高速高效才具有替代人工的成本/产出优势，才有可能得到农业生产的欢迎。

这三大核心要求是我国持续 20 年的采摘机器人研发中未曾面对的挑战，也表明了该葡萄采摘机器人"面向作业性能"的研发重心和跨越突破点。

7.3.1.2 研发的挑战性

上述三大核心要求，每一项要求都无法仅以单一的技术处理来达到，而必须给出成套技术方案，葡萄采摘机器人的研发面临巨大挑战。

（1）机器人果穗采摘的损伤与传统的果实挤压碰撞损伤研究差异极大

在实际作业中，机器人果穗采摘损伤和损失可能来自摘取与移送中的振动、放果时的碰撞、摘取时末端对果穗的碰撞所导致的落粒和伤粒等，实现无损采收的创新方案取决于摘果（穗）、入箱动作原理及相应的末端结构和动作控制，取决于"摘取-移送-放果"的协同规划控制（图 7.12）。

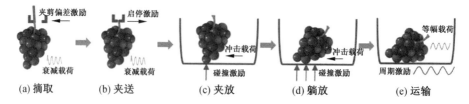

(a) 摘取　　(b) 夹送　　(c) 夹放　　(d) 躺放　　(e) 运输

图 7.12　机器人采收多环节中的振动问题

（2）田间现场适应性差

田间现场适应性差是采摘机器人难以走入生产应用的最大难关，而我国生产规范性较差、地面条件与品种杂多等更是发达国家在研发中不曾面对的问题（图7.13）。广泛适应性、通用性要求给出包含视觉算法、末端结构与控制、导航算法等的综合解决方案。

图7.13 繁多的葡萄品种

（3）作业效率不高

作业效率是农机装备的命脉，效率是在采摘机器人研发走过"功能实现"阶段后的核心性能要求。采摘机器人的效率，一方面涉及连续作业中的"走-看-采（送、放）"多个环节和导航、视觉、通信、控制多个要素；另一方面，传统以"精准"为核心目标的葡萄果梗视觉定位与夹剪一体作业使其陷入易受干扰、速度缓慢的窘境，面临单臂作业的效率天花板，必须从创新采摘方法起步，提出机器人作业"大提速"的系统性方案。

7.3.2 研发迭代与核心技术

7.3.2.1 基础研究

著者团队自2014年便着手开展葡萄采摘机器人的基础研究与技术攻关，通过对复杂葡萄果穗系统模型与物理-生理-病理耦合损伤机理、葡萄串采的激励-振碰-损伤关联机制与发生规律的系统研究，建立了"果穗系统结构→激励特性→振动信号特征→振动传递规律→落粒伤粒概率→采后生理-病理腐败"的理论研究体系，实现了对果穗复杂多级黏弹系统、多源异质激励的振动响应规律、振碰-损伤-病腐耦合机制的发现与构建；通过对葡萄高效无损串采机器人系统方案、机器人高效无损葡萄串采策略与技术的不断攻关，创制了"眼在指下"夹剪-柔性承托组合式末端结构，突破了振动信号反馈无损采送放控制、深度视觉伺服远近景组合定位等核心技术，为实现葡萄机器人采摘的重大突破奠定了前期基础（图7.14）。

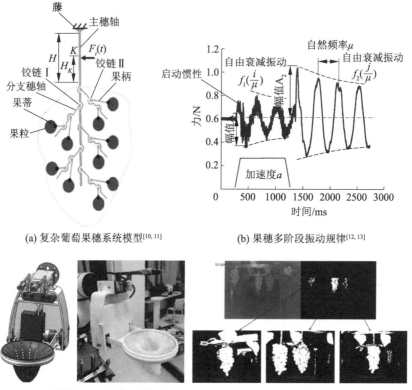

(a) 复杂葡萄果穗系统模型[10, 11]

(b) 果穗多阶段振动规律[12, 13]

(c) "眼在指下"夹剪-柔性承托组合末端[14]

(d) 远近景组合视觉定位[15, 16]

图 7.14　葡萄采摘机器人的前期积累情况

7.3.2.2　第一代双臂葡萄采摘机器人

自 2019 年起，著者团队在前期积累的基础上，进入双臂高速葡萄采摘机器人的研发阶段。双臂的并行作业提高了效率，项目初始目标为田间连续作业效率达到每小时 150~250 串，果粒损伤与落粒率均不高于 3%。

第一代双臂葡萄采摘机器人于 2021 年 6 月完成研发，以定制 6 关节机械臂的对称平装、"眼在指下"夹剪−柔性承托组合末端结构为核心特征，融入躺倒式无损放穗手臂协同控制、基于单线激光雷达的棚架稀疏纤细柱干导航方法和语音对话−作业启停操控技术（图 7.15）。第一代机器人在搭建的仿真棚架环境下完成了视觉伺服、手眼协同和看−走−采协同的测试，实现了双臂移动采摘机器人整机研发的突破，为破解鲜食葡萄成串无损采摘的作业难题打下了基础。

图 7.15　第一代双臂葡萄采摘机器人[17]

7.3.2.3　第二代双臂葡萄采摘机器人

2021 年 8 月，第二代双臂葡萄采摘机器人正式下田测试，其在第一代机器人的本体上，更换了大容差式夹剪一体式末端，构建了多品种葡萄兼容和推测式采摘点粗定位算法，形成手眼组合容差的创新策略，颠覆了传统以"精准"为目标的视觉伺服采摘模式（图 7.16），为破解动作缓慢、不耐干扰的瓶颈提供了全新思路，并成为著者团队随后多种作物各类多臂采摘机器人机型研发的基本准则，形成了公认的特色。第二代机器人将腕部两深度相机调整为基座单深度相机，构成"一目双臂"视觉伺服模式，先后实现了双臂交替采摘、双臂并行采摘和移动连续自主采摘，作业效率突破每小时 600 串大关，代表了当时的最高水平。第二代双臂葡萄机器人在行业内具有代表性，其和浙江理工大学的新一代采茶机器人一起开启了我国采摘机器人研发的高速化时代。

图 7.16　第二代双臂葡萄采摘机器人

7.3.2.4　第三代双臂葡萄采摘机器人

2022 年 9 月，第三代双臂葡萄采摘机器人开始下田测试，其采用了双多关节臂侧装和 In-hand 的视觉伺服方案，并将第一代、第二代的履带式底盘改为轮式底盘，将第一代、第二代的单线激光雷达导航升级为多线激光雷达导航（图 7.17）。与第二代机器人相比，在新整机架构的基础上，经过贴碰果穗的可靠分割与采摘点定位、双目双臂的果穗目标空间对齐与任务分配、多源异质障碍下的双臂高速无碰运动规划与控制、大差异树行通用感知与导航的技术升级，第三代机器人作业幅宽大大增加，对棚架树行识别的可靠性和障碍物的感知能力显著提升。田间试验表明，其在行间的硬化地面和软烂开沟地面条件下均具有良好的通过能力并达到了较高的导航行驶精度，在机身大倾斜、光照大变化条件下，双目双臂的定位精度和可靠性得到了充分证实。第三方性能检测结果显示，第三代机器人对多种葡萄品种兼容，作业幅宽达到 850 mm，作业效率超过每小时 940 串，果穗综合损伤率不超过 5%。第三代机器人在完全自然葡萄园条件下实现了实际作业性能的大幅跨越，标志着适应我国农业生产条件的小型采摘机器人的效率水平开始向每小时千果迈进（替代多个人工），即将迎来从实验室走向产业化的重大转折。

图 7.17　第三代双臂葡萄采摘机器人

农业机器人科技热点与重点攻关方向

8.1 农业机器人的技术痛点与发展重点

8.1.1 农情感知与巡检技术

（1）从信息类型上，病虫害早期监测问题成为核心技术痛点和短板

我国每年病虫害的发生面积近 70 亿亩次，并以 9% 的耕地使用了全球 50%~60% 的药剂。现有遥感监测适用于宏观病虫害时序、迁飞扩散路径、潜在危害区监测，而无人机近地和地面监测仅能实现病虫害发生中后期的监测，远远无法满足早发现、早预防的生产需求，成为解决农作物减产和化学药剂巨量施用问题的核心技术痛点和短板。基于智能化手段实现早期单株作物尺度的病虫害自主检出，有可能带来农业植保方式革命性的改观，使最早期介入预防成为可能，并带来农药施用量的量级式缩减。

（2）从装备手段上，全自主巡检成为农业生产的重点攻关方向

物联网的布点式检测存在覆盖度不足、细微特征难发现、成本高与布设不便等局限，而现有病虫害查询式系统仅解决协助农民对病虫害类型的辨别问题，现有飞行与地面巡检机器人则主要作为传感器搭载的数据采集平台，依赖后期的人工数据导出和分析。自主现场巡检技术由机器人自主发现病虫害目标、分析诊断并发送信息，在田间海量植株，特别是生产规模不断扩大的条件下，成为农业生产的客观需求。该技术在国外发展很快，欧盟、美国农业部等针对这项技术主导开展了大规模研发，并运用于葡萄园和大田等生产监测，我国在该领域已严重滞后，急需加快攻关。

（3）从效能短板上，模型与人工智能方法的泛化成为提升农业智慧管控性能的核心

底层模型和原创模型严重缺乏，依赖开源深度学习模型的简单套用和国外作物生长模型的二次开发，模型与方法受限于特定有限数据而严重缺

乏推广适用性，已成为我国农业智慧管控技术和系统"中看不中用"的最大瓶颈。多信息高质量可信大数据的有序积累、机理模型的原创、人工智能方法的自推理与泛化，成为提升农业智慧管控性能的核心。

8.1.2 设施园艺作业机器人

（1）从应用门槛上，作业效率偏低是痛点，高速化成为发展必然（图8.1）

我国现有采收机器人产品与实验室样机多为单臂采收，效率普遍局限于每小时200～300果，其效率/成本比无法满足农业生产需求。根据联合收割机等传统农业机械的普及应用规律，人工的10倍作业效率应为采收机器人真正进入生产普及应用的客观标准。根据机器人12 h/d的作业时间测算，主要瓜果对象的采收效率应达到每小时1000次的水平，在我国生产规模条件下，双臂和四臂高速机器人系统将成为发展主流。

```
┌─────────────────────────────────┐  ┌─────────────────────────────────┐
│ □ 产业技术现状：                │  │ □ 生产需求：                    │
│                                 │  │                                 │
│ ■ 模式：硬件集成，做算法——下游 │  │ ■ 农用核心部件(臂、手、电池、视觉、导航) │
│ ■ 效率：每小时300果以内——过慢  │  │ ■ 高速化综合技术解决方案         │
│ ■ 对象：特定栽培模式、品类——受限 │  │ ■ 通用化综合技术解决方案         │
│ ■ 使用：流程依赖人为参与——不傻瓜 │  │ ■ 全自主一键作业                 │
└─────────────────────────────────┘  └─────────────────────────────────┘
```

图8.1　农业机器人技术的现状与目标

（2）从国情条件上，过于专用是痛点，泛化通用性是现实需要

传统采收机器人的机械、视觉、导航、控制方案均针对特定作物、特定品种和特定现场条件而开发，但"定制"模式适用于欧美大规模标准化农业生产，而在我国经营规模偏小、果蔬品类繁多、多种轮种频繁、农艺规格不一的现实国情下，"定制"模式不仅成为生产推广应用的核心卡点，更由于其无法批量化生产而成为生产制造、产业发展的最大瓶颈。末端等部件、视觉与导航系统和方法的泛化通用成为现实需要。

（3）从生产使用上，使用门槛过高是痛点，极简傻瓜化成为发展趋势

现有移栽、施药、除草、采收等机器人系统的操作使用门槛过高，依赖人工干预过多，极大限制了农民和农业经营者的使用。与传统农机相比，其复杂的机电控集成性使人机友好、便捷易用等优势更为突出。设施园艺机器人设计制造以最少、最简单的人为干预为目标，实际应用更对机器人

的自主智能化技术提出了要求，极简傻瓜化成为设施园艺机器人的重要发展趋势。

（4）从产业打造上，依赖工业部件是痛点，专用部件成为壮大的基础

现有农业机器人的机械臂、视觉系统、控制器、操作系统等均依赖于工业领域的部件供应，在特定阶段为农业机器人的技术进步与产业起步提供了支撑，但其面向结构化、标准化应用的结构、算法等并非农业机器人产品化和产业壮大的最优解。面向田间移动农业机器人专用构型和复杂场景，具有高适应、长时、高速作业性能的机械臂、末端、电池、集成视觉与导航系统等的核心部件研发与产业链配套，成为农业机器人产业壮大的基础。

8.1.3 大田无人驾驶农机

（1）从安全性上，田间多障碍感知和自主响应成为无人驾驶农机推广使用的核心问题

面向农机的田间无人化安全生产作业，障碍物感知避碰、事故监控分析以及法律责任认定是未来无人驾驶农机与自主导航市场广泛推广的前提。针对田间的人、电线杆、拉线和地面沟坎等多种不同质障碍的自主感知和分类响应急需加快攻关，增强无人驾驶与自主导航作业的安全避障性能。同时开发符合无人驾驶农机特性的事故记录和分析的专用"黑匣子"设备，解决目前无人驾驶事故起因分析无据可依的难题，成为无人驾驶农机推广使用的核心问题。

（2）从作业性能上，作物与农情感知成为无人驾驶农机受到用户欢迎的关键

目前基于卫星的全局导航与田间自主规划行驶技术和产品已经趋于成熟，但其仅解决了行走问题，对插秧、施药、收获作业中的高壮苗、不伤苗、低损失性能无法保证，导致无人驾驶农机缺乏生产实效，尚难得到农业经营者的欢迎。无人驾驶农机机载的作物与农情感知技术，以及基于作物与农情实时反馈的主动作业调控技术，对于提升无人驾驶农机作业性能和满足农业生产需求至为关键。

（3）从适用范围上，中小田块无人驾驶农机技术与产品成为亟待发展的方向

目前无人驾驶农机的路径选择依赖预先获取的田块边界地图，无人驾

驶农机主要在长田块的走直、大农场农忙时节专业机手短缺的农业场景下发挥了重要作用，但对于大型农场以外的绝大多数中小田块、非规整田块，其适用性和实际应用价值仍然欠佳，即使在专业合作社的土地经营条件下，仍呈现碎小田块的不同农户所有特点。研究匹配适度经营规模以及丘陵等小田块适用的自主导航和无人驾驶农机技术，是我国现实国情的客观需求。

8.2 学术研究热点

在农业机器人产业化爆发新阶段，基础研究仍然是支撑农业机器人产品化和性能不断提升的核心，但研究重点和热点将从过去的"学术复杂化"更明确地走向以生产需求为根本导向，遵从"工况"→"问题"→"技术"→"基础"的逆推确立基础研究课题，进而正向实现对农业机器人的强大赋能。

农业机器人作为学科交叉性极强而环境和对象又远比工业机器人复杂的技术领域具有更加系统复杂的科学技术内涵，因此成为研究热点，在机器人与对象、机器人与环境的互作以及机器人智能感知、机器人智能规划控制等方面也形成了大量学术成果，对推动农业机器人基础研究的发展起到了重要的作用。

8.2.1 经典的学术研究热点

8.2.1.1 冗余机械臂冠层复杂避障运动规划

面向浓密复杂的果树冠层内杂乱无章的果、花、枝、叶分布，在进行采摘、授粉、疏花、疏果、修剪等操作时，机器人的末端如何有效到达冠层内目标而不与路径中的树枝等障碍物发生碰撞，成为巨大的挑战[18]，避障运动规划较早成为采摘机器人研究的关注焦点。由此，增加机械臂的关节和自由度、以更加冗余的机械臂构型增强机器人末端在复杂冠层内避障通过的能力，以及相应的复杂避障运动规划成为选择性作业机器人研究领域长期的热点。欧盟多个科研单位联合研发的甜椒采摘机器人，专门设计了9自由度多关节机械臂（图8.2），并配以竖直直线动作。

图 8.2　多关节采摘机械臂[20]

　　更多科研单位以 7 关节、6 关节的刚性机械臂为对象，以已知的障碍物特征为"先验"条件，以障碍物的几何体简化为入手点，提出机械臂避障路径的不同规划算法（图 8.3），但往往难以适用于浓密冠层复杂环境的实际采摘作业。荀一等提出了基于 Eye-in-hand 视觉伺服的改进随机快速搜索树算法，形成闭环的视觉伺服避障控制并进行了仿真验证[19]。

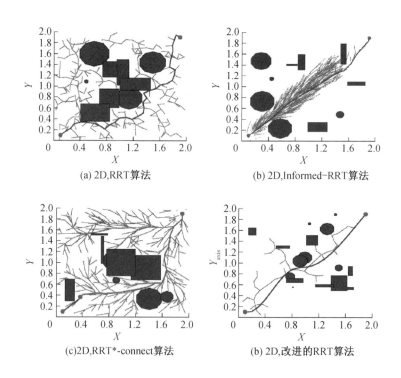

(a) 2D,RRT算法　　　　　　　　(b) 2D,Informed-RRT算法

(c)2D,RRT*-connect算法　　　　　(b) 2D,改进的RRT算法

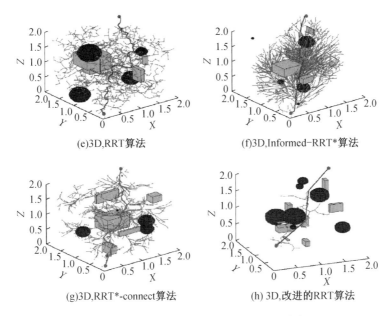

(e)3D,RRT算法　　　　　　　　(f)3D,Informed-RRT*算法

(g)3D,RRT*-connect算法　　　　　(h) 3D,改进的RRT算法

图8.3　采摘机械臂复杂避障运动规划[19]

该类研究在学术上具有重要价值，但是迄今基于刚性机械臂的采摘机器人避障路径规划仍仅能实现障碍物二维化、结构化的路径搜寻或预建图的仿真分析，而无法面向浓密树冠的果、枝、叶复杂分布，严重非结构化且不可预知和建模的情景，仅仅对结构化的有限障碍实现避障绕行的规划方法远远无法解决复杂树冠内的避障作业问题。而基于 Eye-in-hand 的路径搜寻方案极易陷入局部死区，导致算法锁死，无法与机器人的多目标连续采摘、授粉、疏花、疏果、修剪作业的全局次序规划融合，同时其摸索式规划的低效和巨大算力消耗显然无法为生产作业所接受，与高速高效的性能目标背道而驰。

（1）冠层内目标姿态精准测量

在机器人选择性作业中，果、花、枝、叶的复杂随机姿态使机器人实施夹、剪等动作的难度大大增加，对冠层中作业目标的三维姿态精准测量成为研究的一个热点（图8.4）。澳大利亚机器人视觉研究中心和昆士兰技术大学基于在手相机的近距 RGB-D 数据，先像素聚类甜椒识别甜椒，再对聚类数据进行超椭球拟合，利用约束非线性最小二乘优化法来定参以实现对甜椒姿态的估计。为保证机器人对果梗的剪切，通过感兴趣区域计算、点云的 2D 分割和欧几里得空间映射、三维约束和颜色过滤、资态估计实现甜椒果梗姿态的估计（图 8.4a）。江南大学首先计算甜椒点云中每个点的局部平面法线，然后使用评分策略分别计算每个平面的得分，选择得分最低的平面作为点云的对称平面，最终从所选的对称平面上计算出对称轴，并利用对称轴得到甜椒在空间中的位姿[21]。佛山大学基于二值掩模图像及其与点云之间的映射关系，对葡萄聚类点云进行分割，再划分感兴趣区域，基于局部加权散点图平滑算法对梗面进行拟合构造梗曲线估计果梗的姿态（图 8.4c）[22]。

对果实、果梗姿态的视觉精准估计和相应的末端精准姿态计算执行，是传统采摘等选择性作业农业机器人所追求的核心目标。但是，果实、果梗的精准姿态测量方案有赖于近景的有效点云，无法满足全局任务规划的需要，而过于复杂的计算无法满足高速采摘的实时性要求，且极易在发生遮挡等的情况下失效，因而无法面向生产应用，已不适应农业机器人从学术研究全面转向追求作业性能的发展趋势。

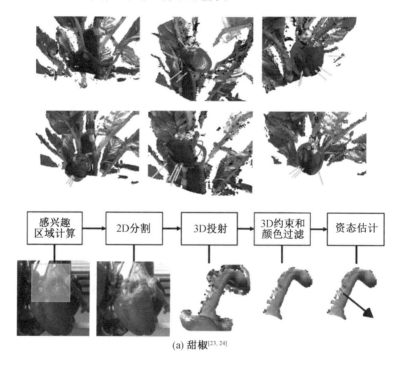

(a) 甜椒[23, 24]

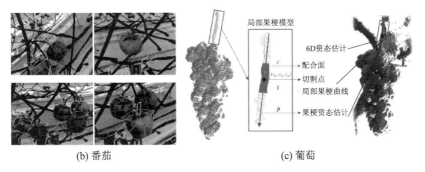

局部果梗模型

6D资态估计

配合面

切割点

局部果梗曲线

果梗资态估计

(b) 番茄　　　　　　　　　　　(c) 葡萄

图 8.4　果梗的姿态估计

（2）末端-果实复杂互作建模与无损无滑动抓握控制

机器人末端作为直接与目标发生作用并完成作业的装置，其结构和原理根据作物类型、目标特点、冠层结构等而存在极大的差异。快速高效率、柔性无损是实际生产对机器人作业的核心要求，而此二者恰恰形成矛盾，柔嫩生物目标与机器人的互作规律与行为特征的研究对实现这一突破具有重要意义。

传统无损控制采用静态的果实损伤阈值作为控制准则，决定了机器人仅能以低速缓慢夹持的方式满足准静态的力作用条件，决定了其无法应用于生产作业。著者发现，在快速夹持条件下果实所受到的夹持碰撞力与夹持速度呈正相关，快速夹持的碰撞力将远大于静态力平衡计算所获得的夹持力（图 8.5）。

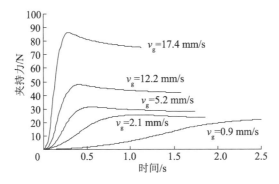

图 8.5　快速夹持果实的动态碰撞力曲线[25-27]

为保证抓握的无损和无滑动，国内外发展了被动、主动和主被动组合的不同柔顺抓握方法，特别是面向果实的主动柔顺抓握，围绕果实力学特性的黏弹本构模型表征、宏微结构分析与有限元仿真等形成了丰富的成果。在国内，著者团队[26-27]、姬伟[28]、周俊[29]、李智国[30] 等作出了重要贡献（图8.6）。

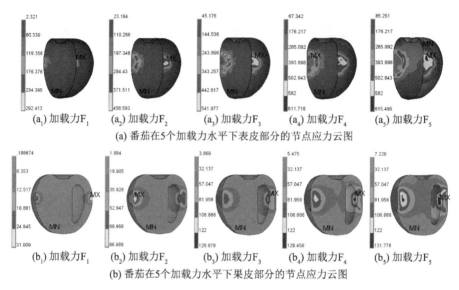

(a₁) 加载力F₁　(a₂) 加载力F₂　(a₃) 加载力F₃　(a₄) 加载力F₄　(a₅) 加载力F₅
(a) 番茄在5个加载力水平下表皮部分的节点应力云图

(b₁) 加载力F₁　(b₂) 加载力F₂　(b₃) 加载力F₃　(b₄) 加载力F₄　(b₅) 加载力F₅
(b) 番茄在5个加载力水平下果皮部分的节点应力云图

图8.6　番茄受力-变形的仿真分析

为实现柔顺抓握，在果实黏弹性模型表征的基础上，著者首先确立了快速无损采摘研究方向，发现了快速夹持碰撞的有动力源能量输入与有约束接触碰撞两大重要特征，实现了机器人末端对黏弹果实目标抓握的多阶段动力学建模[27]。姬伟[28]、周俊[29] 等则提出在机器人抓握过程中同步完成黏弹性的测量表征、抓取模型辨识与主动柔性控制。

随着机器人手指新材料和软体手技术的发展，以及面向农业机器人作业高速化的实际需要，目前依赖果实模型和力反馈控制的柔顺抓握控制已更多被更加实用化的非建模、无传感式抓握控制所代替，一类是软体、柔性手指的直接快速夹持（图8.7a），另一类是不直接夹持果实而以包络、吞咽等方式完成对果实的捕获（图8.7b），而将对果实的夹持变为对果梗的夹持-剪切一体动作也越来越多的得到应用（图8.7c）。机器末端的简化和小型化大大提升了其在复杂冠层内灵巧高速作业的性能。

(a) 软体手

(b) 吞咽式   (c) 夹持-剪切一体式

图 8.7 农业机器人的非建模、无传感抓握

8.2.1.2 复杂目标感知与测量

面对高度复杂、非结构化的农业作业环境，场景的充分感知、对作物行的有效检测与定位、对行内和行间障碍物的性质与位姿判定等，成为农业机器人在果园、温室、茶园等自主导航行走的基础。随着视觉与传感技术的快速发展，感知信息不充分的问题正在快速得到解决，同时基于特定作物行、障碍物结构特征的感知方法得到重视和发展，基于可见光、深度、光谱、毫米波雷达、热成像等各类信息融合的复杂感知方法也成为学术研究的热点（图 8.8）。

在果实、杂草等作业目标的检测中，面对可见光图像易受光线变化、背景区分度和位姿测量不足等的影响，深度、光谱、叶绿素荧光等多信息的融合提供了充分的可能，更有研究开始探索在采摘过程中通过多传感信息融合实现目标识别与品质检测、分级的同步。

上述研究表明了对农业机器人作业环境充分感知理解的无限可能性，这将助推机器人智能化水平的进一步提升。但是，农业机器人田间移动作业的现实状况决定，感知信息的丰富性和技术复杂性与机器人高速作业的实时性、感知泛化可靠性和机器人产品化之间需要找到一种良好平衡。

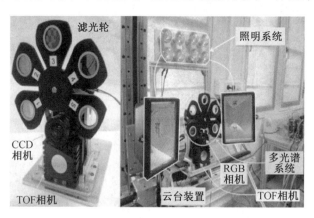

图 8.8　采摘机器人多传感系统[21]

8.2.2　新科技研究热点

8.2.2.1　农业场景-机器人复杂交互虚拟作业技术

仿真分析技术在机器人的构型设计与运动规划中发挥着重要的作用。构建复杂树行、冠层环境与机器人的交互，开展仿真环境下的选择性作业虚拟试验，将为农业机器人构型设计、视觉感知、视觉伺服控制、导航、运动规划等提供强劲的工具平台。

与过去机器人的运动学仿真分析、环境-机器人的几何简化仿真分析和虚拟场景内的简单动作展示相比，基于真实复杂农业环境的三维建模再现，机器人与农业作业环境，作业目标的视觉、力觉复杂交互和虚拟视觉伺服控制，自主导航-作业控制试验成为发展的趋势。华南农业大学邹湘军团队等[31-34]作出了卓有成效的工作（图 8.9）。Shamshiri 等利用 V-REP、ROS和 MATLAB 设计了一个联合仿真和控制平台，实现了甜椒采摘机器人基于图像矩法的视觉伺服控制（图 8.10）[35,36]。该团队进而在 V-REP 中搭建了一个虚拟柑橘园（图 8.11），创建环境点云并配置视觉等传感器模拟移动机器人在果园中搜索柑橘树，并添加激光扫描测距仪测量机器人手爪与水果、树木或障碍物之间的距离用于机器人避障等[37]。

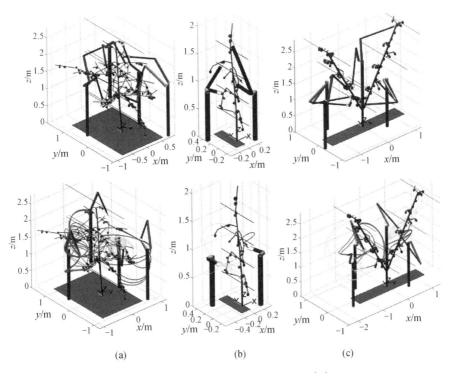

图 8.9　树形−机器人运动学关联分析[40]

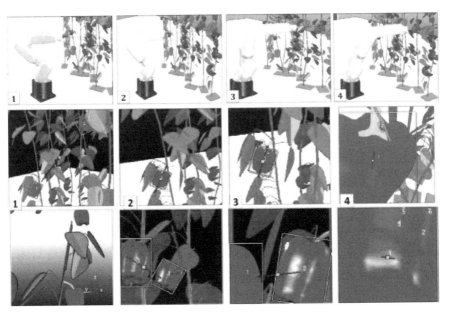

图 8.10　甜椒采摘视觉伺服控制[37]

(a) 虚拟柑橘园与机器人样机的感知与避障仿真环境

(b) Kinect扫描   (c) RGB图像   (d) 深度图像

(e) Hokuyo扫描   (f) 点云图

图 8.11　柑橘园机器人采摘虚拟作业[39]

　　著者团队通过 V-REP 与 MATLAB、OpenCV 的跨软件结合，构建了虚拟棚架葡萄场景下的采摘机器人仿真作业系统架构[39]（图 8.12）。基于多坐标转换、跨软件通信将虚拟场景下果实识别定位、机械臂正逆运动学和机械臂关节运动控制融合，实现了虚拟葡萄园场景下的采摘机器人手眼协调采摘仿真，连续采摘仿真；并完成了与葡萄园现场试验结果的对比验证及不同处理下的仿真分析。该研究实现了双臂移动采摘机器人"虚拟场景—机器人行走—图像识别—采摘点定位—机械臂运动"的跨软件自主采摘仿真闭环和运动参数、碰撞干涉等的自动测量，为进一步开展自主移动式多臂农业机器人的虚拟试验、分析、优化提供了可行的方法和平台。

(a) 虚拟水平棚架葡萄园环境　　　　(b) 虚拟葡萄园环境下的机器人-葡萄交互

(c) 机械臂接近果实　　　　　　　　(d) 夹取果实

(e) 机械臂运送葡萄果实　　　　　　(f) 送入果箱

图 8.12　葡萄园双臂采摘机器人虚拟作业[39]

8.2.2.2　仿生软体与可重构农业机器人技术

传统刚性机器人结构在面向高度非结构化、柔性化农业环境和任务时存在诸多局限，国内外都在致力于寻找新的机器人方案。仿生学和软体机器人技术成为科研热点，研发出六足农业机器人[40-42]、用于农业灌溉的仿生蛇机器人[43]、仿尺蠖钩爪式软体末端夹持器[44] 等，多功能蜓爪式末端执行[46]、基于章鱼吸附原理的仿生无损吸取式苹果采摘装置[45]（图 8.12a）、机器人化的蜂群授粉[46]（图 8.13b）等有望为农业机器人技术的突破性发展提供重要契机。

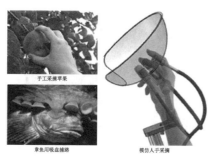

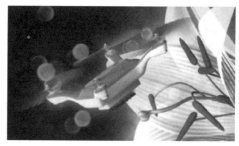

(a) 仿生无损吸取式苹果采摘装置[45]　　　　　　(b) 授粉机器蜂[46]

图 8.13　农业中的仿生机器人

软体机器人技术快速发展，除抓握以外，柔性臂有望克服刚性臂的结构与灵巧度限制，如八爪鱼般在复杂果、蔬、茶冠层内多爪同时灵巧作业。Mohamed 等开发的番茄采摘机器人（图 8.14a），应用了由弹性肌腱可变刚度柔性关节构成的 7 自由度机械臂 GummiArm，通过柔性机械臂的被动补偿来增加采摘中未知碰撞下的稳定性[47]；Chen 等设计了三绳驱动下全向弯曲的单关节柔性机械臂（图 8.14b），通过手臂内嵌入的低熔点合金管的供热控制来实现刚度可调，认为该技术能够用于农业中的采收[48]；Kamtikar 构建了面向草莓采收的龙门-柔性连续体组合臂和该臂的 Eye-in-hand 视觉伺服系统[49]（图 8.14c）。但是，目前软体机械臂的发展仍与机器人实际生产应用相去甚远，其原理与结构尚未形成可面向农业作业的适配方案，与刚性机械臂相比，软体机械臂的动作精度、速度和可控性仍然是困扰其进一步发展的难题。

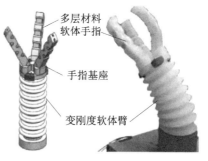

(a) 番茄采摘[47]　　　　　　　　(b) 单关节柔性机械臂[48]

(c) 龙门-柔性连续体组合臂[49]

图 8.14　柔性采摘臂

可重构机器人以部件的模块化为基础，通过模块组合，可以根据任务或环境进行简单快速的装配而重构为合适的不同构形。挪威生命科学大学等开发了供电、驱动、操控、悬架、检测多模块化可重构的 Thorvald II robot 农业移动机器人（图 8.15）[50]；欧盟 Crops 项目资助开展了模块化可重构、可分别实现对靶施药与识别采摘不同任务的农业机器人研发[51]；以色列理工学院建立了高度模块化可重构采摘机械臂的设计框架，可基于不同的树形，通过直动、转动关节、末端执行器与连接件的模块化设计，重构获得不同的采摘机械臂构型[52]。

图 8.15　可重构 Thorvald II robot 农业移动机器人[50]

面向我国种植规模偏小、种植规格多、作业环节多的国情，农业机器人的模块化、可快速重构对于其产业化和生产推广应用具有更加突出的意义。目前的可重构技术距离产业化仍然有较大距离，农业机器人的模块化、可重构性应面向产业化和生产应用两大目标加快发展：

（1）可重构的快速化和傻瓜化

与乐高模块搭建追求的无穷可能不同，农业机器人可重构的核心是直接面向生产的作业需求和使用者的易用性。从农业生产的用户端需求出发，农业机器人应实现不依赖于较强专业技术知识和机电系统组装能力的快速化、傻瓜化重构，甚至根据作业场景和任务自主给定构型和重构方案、自主完成参数适配。

（2）机械-传感-算法-电控的综合可重构

农业机器人并非简单的机械重构，其各个模块往往具有视觉、导航、运动控制等不同智能任务，甚至是机械-传感-电控的综合体，模块间的可重构即体现为机械-传感-电控系统的综合可重构，更进一步体现为软件平台和智能算法的可重构，从而形成不同的农业机器人系统并适应不同的工作环境和任务。

8.3 问题导向的重点科研攻关方向

8.3.1 泛化通用技术解决方案

在图像检测与视觉伺服、导航等功能实现的前提下，选择性作业农业机器人的泛化对其产业化和生产应用具有至关重要的影响。

针对特定作物、特定品种和特定现场条件而形成的末端、机械臂、底盘等各异的机械结构和目标识别、导航、伺服控制等算法，以及不同机器人各异的控制器、视觉系统、通信协议等方案，使农业机器人在实际生产中的性能严重受限，并只能受限于"定制化"产品模式，成为其走向产业化的最大瓶颈（图 8.16）。

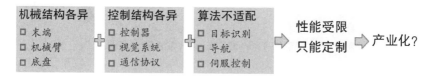

图 8.16　农业机器人的不泛化问题

农业机器人的泛化体现在机械结构泛化、感知与控制算法泛化、现场应用泛化等方面（图 8.17），由泛化通用目标所决定，可能的农业机器人创新技术思路与发展趋势为：

① 基于模块化、集成式、柔性化关节与控制算法，面向不同作业场景、农艺模式与作业任务的机械臂构型自主配置、运动学自标定解算与快速重构。

② 低成本、易控、实用化的农业多目标通用灵巧抓握手爪与视觉伺服灵巧抓握控制技术。

③ 对视觉定位误差、果实等目标形状与位姿差异具有强适应性的容差式末端执行器。

④ 适用于不同农业机器人，满足不同农业机器人的视场、视角、手眼配置和数据输出要求，对光线变化、重叠遮挡等现场条件具有强适应性的模块化视觉系统。

⑤ 大数据和自学习融合的跨作物、跨品种、跨特定发育期的农业目标通用稳健识别模型与算法。

⑥ 适用于不同农业作业环境的模块化快速重构底盘，以及跨多类环境、多规格的通用作物行感知定位与自调参行走控制算法和平台。

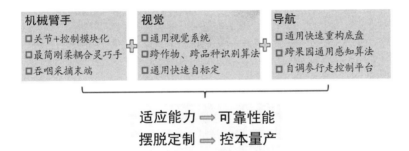

图 8.17 农业机器人的泛化技术构成

在技术实现路径上，农业机器人的泛化具有不同的智能层次，若以加快农业机器人的产业化和生产应用为目的，则不必过于追求智能技术的极致，而应拟定切合实际和快速可实现的泛化技术方案，并在产品化与生产应用过程中不断迭代升级。图 8.18、图 8.19 和图 8.20 分别为著者团队所构建的病虫害全自主巡检的多类病虫害通用识别 AI 模型[53-55]、多品种葡萄通用的识别定位系统与模型以及多类果园通用的树行感知与导航方法[56, 57]，已分别在不同机器人系统中部署应用并完成田间验证，实现了农业机器人泛化的阶段性进展。

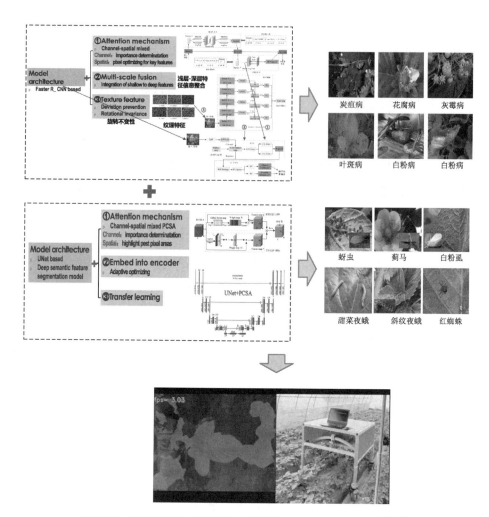

图 8.18　病虫害全自主巡检的多类病虫害通用识别 AI 模型[53-55]

扫码看大图

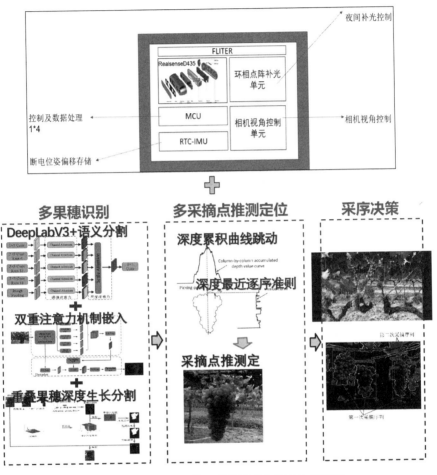

图 8.19　多品种葡萄通用的识别定位系统与模型

扫码看大图

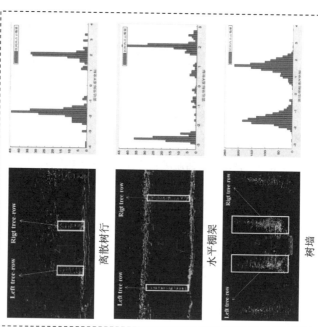

图 8.20 多类果园通用的树行感知与导航方法

8.3.2　高速化技术解决方案

效率是选择性作业农业机器人性能的核心目标，也是目前其尚难以为生产所接受的最大短板，高速化是农业机器人实现"质变"的里程碑式目标。农业机器人选择性作业的高速化问题远比传统农机和一致性作业机器人要复杂。在实际作业中，限制农业机器人大幅提速的要素有：

① 以果实、花蕊等目标位姿的视觉检测精准和末端的位姿定位精准、抓握与切割等动作精准为控制目标的传统机器人方案，在生产应用中面向严重非结构化农业环境，实现"精准"苛刻要求的难度过大必然导致缓慢低效。

② 在非结构化农业环境中，机器人手臂动作中可能出现与机身、树干、立架等的碰撞，以及多臂之间的相互碰撞，严重限制了机器人作业的提速。

③ 多臂同步作业是农业机器人打破单臂作业效率天花板、实现高速作业的必然途径，但多臂同步作业涉及手眼配置、任务分配、多臂动作协同等复杂问题，商用臂的复杂多关节串联运动亦往往对多臂同步的实现造成极大困扰，可能的视线遮挡、臂-臂碰撞、忙闲不一使多臂的理论效率倍增潜力难以释放。

因此，农业机器人的高速化需要颠覆性的机器人设计、技术理念和成套的综合技术创新方案。面对限制农业机器人大幅提速的各要素，其高速化技术方案中的关键词将是"手眼容差策略、多臂构型创新、多目超快感知、任务时空决策、防撞高速并行"。图 8.21 为著者在双臂葡萄采摘机器人[58]、4 臂猕猴桃采摘机器人研发中已阶段性形成并部署应用的高速化成套策略与技术。

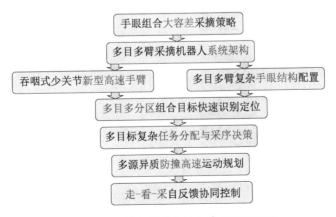

图 8.21　采摘机器人高速化的技术全家桶

图 8.22 为其中的机器人手眼组合容差策略和方案，在水平棚架葡萄园、猕猴桃园的现场试验中分别已创造了每小时 942 串和 2105 果的选择性采收

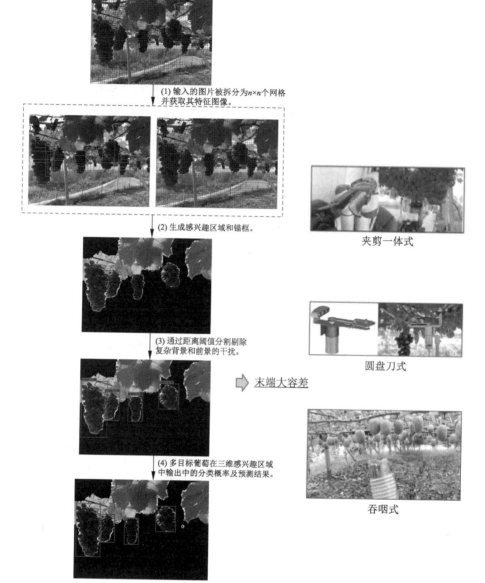

(1) 输入的图片被拆分为 $n \times n$ 个网格并获取其特征图像。

(2) 生成感兴趣区域和锚框。

夹剪一体式

(3) 通过距离阈值分割剔除复杂背景和前景的干扰。

圆盘刀式

末端大容差

(4) 多目标葡萄在三维感兴趣区域中输出中的分类概率及预测结果。

吞咽式

(5) 基于 YOLO v4-SE 预测框向上推测的葡萄采摘点粗定位。

多果快速粗定位算法

图 8.22　高速采摘的机器人容差式手眼策略

作业效率记录，实现了选择性作业机器人性能的重大跨越。农业机器人"高速化"之路已经开启，但仍然需要在形成农业机器人领域和行业共识的基础上实现"对焦"，加速我国农业机器人的产业化步伐。

8.3.3　自主化技术解决方案

农业机器人的自主并非苛求田间作业全程、农场全域的无人干预，而是重点解除田间现场对机器人运行的工况条件限制、填平其感知-理解-决策之间的鸿沟，实现机器人在田间现场的简易操作，充分释放机器人替代人工巡检、采收等作业的效能。

农业机器人自主化的技术目标有：

① 机器人下田、障碍物绕行、掉头、故障排除后对相对作物行等环境的位姿自检、自主上线对行和导航算法启用。与预设行走路径、预先作物行对齐条件下的导航控制相比，机器人位姿的随机性往往导致农业机器人雷达、相机内的作物行目标缺失或发生差异，进而引发作物行检测算法失效。

② 机器人的自主行走-作业决策，包括收获物满箱和苗、粉、液亏缺的自主停作，以及换箱和苗、粉、液补充后的自主续接作业；否则由于取苗、采收等作业次序和算法连续执行出现问题，易导致逻辑混乱和漏作等情况。

③ 机器人全田块、全生育期内的无人自主巡检，实现对大空间尺度内单株甚至部位级（果树）多类病虫害等微小特征的搜索检出。与针对特定冠层、指定作物的病虫害检测相比，这些技术目标对全田块内自主导航、自主走停决策、自主视场变换、自主病虫害现场检出与信息发送等提出了系统性的要求。

图 8.23 为著者团队研发的全自主单株多类病虫害巡检机器人[53-55]，主要提出了以下技术思路：

① 为解决大田块尺度内连续拍照方式仅能依赖后台大算力的离线分析问题，提出随机抽样里程计和冠层图像特征融合的粗-细两次定位方法，实现了大田块内自主导航的随机冠层抽样。

② 对抽样冠层的单相机多视点自主拍照、三维图像快速高精度拼接，为发现浓密冠层内果、叶、根不同部位的不同病虫害提供可能。

③ 基于图 8.23 所示病虫害全自主巡检的多类病虫害通用识别 AI 模型，针对三维拼接全景图像实现病虫害的检出和分类。

④ 自主生成病虫害电子地图，或将病虫害植株信息发送给对靶施药机器人。

该全自主单株多类病虫害巡检机器人已在安徽、江苏等地不同草莓园完成了田间全自主巡检试验验证，证实了田间机器人全自主巡检作业的可能性。

(a) 样机

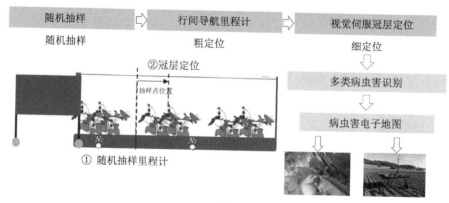

(b) 技术逻辑

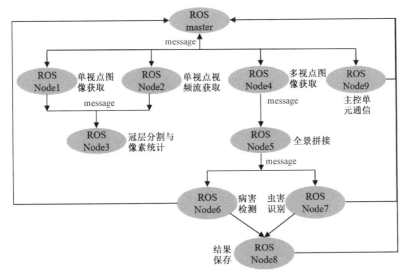

(c) 算法部署方案

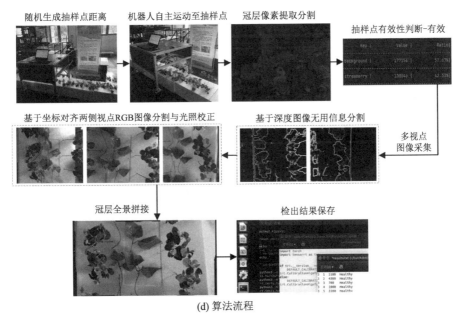

(d) 算法流程

图 8.23　全自主单株多类病虫害巡检机器人

9
我国农业机器人发展前瞻

新的智能、智慧化大潮席卷全球，并成为我国农业装备产业重新洗牌和领域快速扩展的引擎。今天全球农业机器人产业链集智能制造和农业传感、机器人、无人驾驶、人工智能等技术于一体，大大突破了传统农机的产业范畴，其上下游已形成庞大的产业体系。面向产业高速发展的良好态势，只有洞察未来、抓住先机，才能加速构建农业机器人重大原始创新的产业化生态体系，加速推动形成我国智能农业装备的蓝海大产业，为我国的智慧农业发展提供装备支撑。

我国农业机器人既具有科研、产业发展的普遍规律，又必须充分面向农业生产、经营、消费和产业配套的国情，在从 20 余年的初级发展阶段迈入高质量发展阶段的关键时刻，有理由乐观展望未来 5 年的中国农业机器人高速发展前景！

9.1 科研与人才培养体系

（1）面向生产的农业机器人科研生态逐步形成

在国家针对农业机器人的研发推广科研体系的大力支持下，我国众多高校、科研院所以及重点实验室、技术中心等平台所构成的庞大农业机器人科研体系，已逐步由对农业机器人的初级探索升级为面向农业生产和高性能指标的"基础研究核心技术攻关装备"研发体系，以及面向产品形态的"核心技术核心模块产品工艺"工程体系。以国家数字农业装备（人工智能和农业机器人）创新分中心、农业机器人协会/学会和产业科技创新联盟/联合体为平台，形成了国家农业机器人战略科技力量。

（2）面向产业的农业机器人人才培养体系更加健全

农业机器人将日益形成人工智能、机器人、农业机械交叉的独立专业方向，农艺、机器人、机器视觉、导航、传感、控制等的课程设置更加系统，职业教育、本科、研究生的分层次培养体系保证每年向产业输送10000名以上的高技术人才和专业技术人员。农业机器人技术培训成为农机培训学校、培训班的固定和特色培训内容，显著提升了农机手的智能装备操作能力，为我国培养了农业机器人新型应用人才。

9.2 技术与产业发展趋势

（1）粮油生产无人化快速推广

目前基于北斗卫星导航系统的农机无人驾驶系统已快速成为现代智能农机的基本配置，在大型农场、大田块作业中发挥了减人、提效、提质的重要作用。但是，现有农机无人驾驶系统与技术仍然难以适应占我国农业用地状态主体的中小田块、不规则田块和丘陵田块等无人化作业需求，无法适应跨区作业的需求；在解决农机全局导航行走的同时，依然存在农情感知和行走-作业协同控制能力偏弱而难以发挥农机的生产作业性能的问题；无人驾驶农机至今不能脱离人的监控和随时介入，也成为整机生产企业对其无人化农机产品使用安全和责任认定的顾虑（图9.1）。

(a) 大型农场　　　　　　　　　(b) 配套人力

(c) 随时监控

图9.1　无人驾驶农机现状

为此，应加快面向适度规模生产、中小田块和丘陵山区的融合型无人驾驶系统的技术研发与生产推广力度，实现面向我国现时农情和未来规模化生产的两大类无人农场技术与装备同步发展；大大强化农机无人驾驶系统的农情感知与自适应调控能力、人-障碍物感知与田间的主动安全能力，突破目前无人化农机推广应用的卡点，实现粮油生产无人化技术与装备的快速推广（图9.2）。

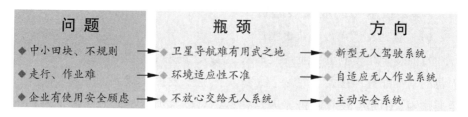

图 9.2　无人化农机的问题、瓶颈与发展方向

（2）设施畜禽养殖无人化提前实现

面向设施畜禽养殖生产规模不断变大并趋标准化、工业化的发展现状，基于设施养殖的周年生产和管理环节可定时定量的特点，我国养殖自动、智能装备产业快速发展，设施畜禽养殖业将加快智能化发展步伐，饲喂、清粪、消毒等主要环节的无人化作业系统将被大量配置并应用，基于人工智能、大数据技术和数智融合的全程无人化畜情、环境监控与管控、作业将得到更快发展。

（3）轻简智能机器人大量普及

针对我国规模偏小、数量巨大的温室和大棚种植生产与设施内小型化、智能化作业装备严重空白的矛盾，更针对菜农要求便捷使用的实际与纯机械式装备的尺寸大，操作强度大，对设施内起垄、栽培架/床/槽等建设偏差适应度差的矛盾，傻瓜化智能运行、舒适度高、节省人力的人机协作将成为优选，2万元内小型化、遥控掉头和行内全自动作业的秧苗移栽、叶菜收获、施药，以及智能释手操控的乘坐式、趴俯式作业平台将得到快速推广，低成本的仿形、对行、便捷换苗补药等技术方案将大大提升设施小型智能农机的农艺适应性和轻简性（图9.3）。

(a) 垄上双行草莓苗移栽

(b) 微风侧倾雾化施药

(c) 自主跟随分级转运

图 9.3 著者团队研发的轻简智能机器人系统[59-61]

（4）基于视觉的自主机器人投入农业生产

基于视觉感知与伺服控制的农业机器人正在快速实现从探索研究向产业化的重要跨越，特别是面向棚架、吊蔓等栽培模式的猕猴桃、葡萄、番茄等采摘机器人将真正进入农业生产作业；现代果园的苹果、梨、草莓以及菊花、牡丹等机器人采收将实现重要突破，名优茶、中草药等机器人采摘在单目标逐一选择性采收研发的基础上，有可能在更高速无损的机器原理上获得重大转折。

此外，基于视觉的对靶除草、授粉或疏授一体机器人系统将快速发展，打叶、整枝等机器人除视觉感知与机器人控制技术的实现以外，与作物学、农艺学具有更强的关联度，机-艺融合发展将成为突破机器人技术的关键。

（5）农业服务机器人全面上岗

到目前为止的农业机器人研发均面向生产作业，而随着都市休闲等新兴农业业态的快速发展，面向都市农业经营模式立体化、都市农业休闲体验深度化、农业教育与康养 AI 互动化对机器人技术的要求，以农业现场的导览、伴游、操作体验等为特征的服务型农业机器人将全面"上岗"，实现休闲农业从"提篮采果、农家乐"的粗放低收益经营模式向现代智慧农业主题乐园模式的发展。

9.3 结语

农业机器人作为具有巨大挑战的技术与装备，今天正在迎来重大的跨越。这一跨越，将使农业机器人从"有热度无市场"的尴尬局面中破局而出，从展台走向田间、从展示走向生产，完成农业机器人从未来技术储备到现实产业和生产力工具的转变，实现机器人农业从蓝图变为现实的重大历史性进步。在这样的历史时刻，立足我国国情特色和国家重大需求，加紧跟上全球农业机器人技术发展的大潮，全面优化农业机器人技术体系和构建农业机器人产业体系，契合我国智慧农业的发展大势，为我国的现代化农业插上科技的翅膀。

作为深耕农业机器人领域近 20 年的科技工作者，深感责任重大、意义重大。以国家数字农业装备（人工智能和农业机器人）创新分中心、全国农业机器人产业科技创新联合体为平台，诚切希望全国科技、产业、推广同仁以农业机器人全面武装我国的现代化农业为重大使命，面向农业机器人庞大新兴产业的诱人前景，直面全球农业机器人核心技术与部件的壁垒和产业化大潮，紧密携手，加快推动我国农业机器人产业化的重大历史进程！

参考文献

［1］侯广宇. 高架草莓采摘车的智慧驾乘系统设计与试验［D］. 镇江：江苏大学，2022.

［2］侯广宇，雷小洁，袁子喻，等. 智能驾乘式高架草莓采摘车的设计与试验［J］. 农机化研究，2024，46（4）：114-119.

［3］谭鸿霖. 休闲农业机器人跨媒体交互方法研究与草莓园应用试验［D］. 镇江：江苏大学，2016.

［4］陈凌男，柏雨岑，常永江，等. 智能农机传感器和机器人专利分析［J］. 农业工程，2018，8（11）：1-7.

［5］应向伟，吴巧玲，等. 农业装备智能控制系统发展动态研究［M］. 北京：科学技术文献出版社，2017.

［6］谌凯，林志坚，应向伟，等. 基于专利地图的农业机器人技术发展态势研究［J］. 农机化研究，2016，38（9）：1-9.

［7］MANOONPONG P，RAJABI H，LARSEN J C，et al. Fin ray crossbeam angles for efficient foot design for energy-efficient robot locomotion［J/OL］. Advanced Intelligent Systems，2022，4（1）［2024-06-08］，https：//doi. org/10. 1002/aisy. 202100133.

［8］LIU J，ZHAO S，LI N，et al. Development and field test of an autonomous strawberry plug seeding transplanter for use in elevated cultivation［J］. Applied engineering in agriculture，2019，35（6）：1067-1078.

［9］ZHAO S Y，LIU J Z，JIN Y C，et al. Design and testing of an intelligent multi-functional seedling transplanting system［J］. Agronomy，2022，12（11）：2683.

［10］刘继展，唐善奇，单帅，等. 机器人采摘葡萄果穗振动仿真与试验［J］. 农业机械学报，2016，47（5）：1-8.

［11］LIU J Z, YUAN Y, GAO Y, et al. Virtual model of grip-and-cut picking for simulation of vibration and falling of grape clusters ［J］. Transactions of the ASABE, 2019, 62（3）：603-614.

［12］FAHEEM M, LIU J Z, CHANG G Z, et al. Experimental research on grape cluster vibration signals during transportation and placing for harvest and post-harvest handling ［J］. Agriculture（Basel）, 2021, 11（9）：902.

［13］FAHEEM M, LIU J Z, CHANG G Z, et al. Hanging force analysis for realizing low vibration of grape clusters during speedy robotic post-harvest handling ［J］. International Journal of Agricultural and Biological Engineering, 2021, 14（4）：62-71.

［14］单海勇. 棚架葡萄机器人手-臂协同无损采收系统设计与实验 ［D］. 镇江：江苏大学, 2021.

［15］JIN Y C, LIU J Z, WANG J, et al. Far-near combined positioning of picking-point based on depth data features for horizontal-trellis cultivated grape ［J］. Computers and Electronics in Agriculture, 2022, 194：106791.

［16］袁妍. 基于深度视觉的棚架葡萄采摘机器人手眼系统设计与果梗近景识别研究 ［D］. 镇江：江苏大学, 2019.

［17］PENG Y, LIU J Z, XIE B B, et al. Research progress of urban dualarm humanoid grape harvesting robot ［C］. 2021 IEEE 11th Annual International Conference on CYBER Technology in Automation, Control, and Intelligent Systems（CYBER）. Jiaxing, China. IEEE, 2021：879-885.

［18］ZAPOTEZNY-ANDERSON P, LEHNERT C. Towards active robotic vision in agriculture：A deep learning approach to visual servoing in occluded and unstructured protected cropping environments ［J］. IFAC-PapersOnLine, 2019, 52（30）：120-125.

［19］荀一, 李道政, 王勇, 等. 基于VS-IRRT算法的采摘机械臂路径规划 ［J］. 农业机械学报, 2023, 54（2）：129-138.

［20］HEMMING J, BAC C W, TUIJL J V, et al. A robot for harvesting sweet-pepper in greenhouses ［C］. International Conference of Agricultural Engineering. Zurich, 2014.

［21］LI H, ZHU Q, HUANG M, et al. Pose estimation of sweet pepper through symmetry axis detection [J]. Sensors, 2018, 18 (9): 3083.

[22] LUO L F, YIN W, NING Z T, et al. In-Field pose estimation of grape clusters with combined point cloud segmentation and geometric analysis [J]. Computers and Electronics in Agriculture, 2022, 200: 107197.

[23] LEHNERT C, SA I, MCCOOL C, et al. Sweet pepper pose detection and grasping for automated crop harvesting [C]. 2016 IEEE International Conference on Robotics and Automation (ICRA). Stockholm, Sweden. IEEE, 2016: 2428-2434.

[24] LEHNERT C, MCCOOL C, SA I, et al. A sweet pepper harvesting robot for protected cropping environments [EB/OL]. Ithaca: Cornell University Library, https://arxiv.org/pdf/1810.11920.

[25] 刘继展, 李智国, 李萍萍. 番茄采摘机器人快速无损作业研究 [M]. 北京: 科学出版社, 2018.

[26] LIU J Z, LI Z G, LI P P. Rapid damage-free robotic harvesting of tomatoes [M]. Singapore: Springer Singapore Pte. Limited, 2021.

[27] 刘继展, 白欣欣, 李萍萍, 等. 果实快速夹持复合碰撞模型研究 [J]. 农业机械学报, 2014, 45 (4): 49-54.

[28] Ji W, Qian Z J, Xu B, et al. Apple viscoelastic complex model for bruise damage analysis in constant velocity grasping by gripper [J]. Computers and Electronics in Agriculture, 2019, 162 (C): 907-920.

[29] 周俊, 张娜, 孟一猛, 等. 番茄粘弹性参数机器人抓取在线估计 [J]. 农业机械学报, 2017, 48 (8): 26-32.

[30] Li Z G, Zhang Z B, Thomas C. Viscoelastic-plastic behavior of single tomato mesocarp cells in high speed compression-holding tests [J]. Innovative Food Science & Emerging Technologies, 2016, 34: 44-50.

[31] 罗陆锋, 邹湘军, 卢清华, 等. 采摘机器人作业行为虚拟仿真与样机试验 [J]. 农业机械学报, 2018, 49 (5): 34-42.

[32] 罗陆锋. 视觉感知的葡萄机器人采摘行为及虚拟试验 [D]. 广州: 华南农业大学, 2017.

[33] 罗陆锋, 邹湘军, 程堂灿, 等. 采摘机器人视觉定位及行为控制的硬件在环虚拟试验系统设计 [J]. 农业工程学报, 2017, 33 (4): 39-46.

［34］贺敬梓. 基于虚拟现实的荔枝采摘机器人作业行为仿真 ［D］. 广州：华南农业大学，2018.

［35］SHAMSHIRI R R, HAMEED I A, KARKEE M, et al. Robotic harvesting of fruiting vegetables：A simulation approach in V-REP, ROS and MATLAB ［M］//HUSSMANN S. Automation in Agriculture-Securing Food Supplies for Future Generations. London：InTechOpen, 2018 .

［36］HUSSMANN S. Automation in agriculture-securing food supplies for future generations ［M］. London：IntechOpen, 2018.

［37］SHAMSHIRI R R, Hameed I A, PITONAKOVA L, et al. Simulation software and virtual environments for acceleration of agricultural robotics：Features highlights and performance comparison ［J］. International Journal of Agricultural and Biological Engineering, 2018, 11 （4）：15-31.

［38］BLOCH V, DEGANI A, BECHAR A. A Methodology of orchard architecture design for an optimal harvesting robot ［J］. Biosystems Engineering, 2018, 166：126-137.

［39］LIU J Z, LIANG J, ZHAO S Y, et al. Design of a virtual multi-interaction operation system for hand-eye coordination of grape harvesting robots ［J］. Agronomy, 2023, 13 （3）：829.

［40］张春，杨明金，陈建，等. 带有自锁式关节的农业六足机器人能耗优化模型及验证 ［J］. 农业工程学报，2016, 32 （18）：73-83.

［41］荣誉，金振林，崔冰艳. 六足农业机器人并联腿构型分析与结构参数设计 ［J］. 农业工程学报，2012, 28 （15）：9-14.

［42］张金柱，金振林，陈广广. 六足步行机器人腿部机构运动学分析 ［J］. 农业工程学报，2016, 32 （9）：45-52.

［43］HUANG C C, CHANG C L. Design and implementation of bio-inspired snake bone-armed robot for agricultural irrigation application ［J］. IFAC-PapersOnLine, 2019, 52 （30）：98-101.

［44］李明军，曾翔，谢荣臻，等. 基于 SMA 驱动的仿尺蠖钩爪式软体末端夹持器研究 ［J］. 机械工程与自动化，2018 （5）：35-37.

［45］邓小雷，罗忠祎，庞景权，等. 仿生无损吸取式苹果采摘装置的设计与试验 ［J］. 中国农业大学学报，2019, 24 （10）：100-108.

[46] POTTS S G, NEUMANN P, VAISSIèRE B, et al. Robotic bees for crop pollination: Why drones cannot replace biodiversity [J]. The Science of the Total Environment, 2018, 642 (1): 665-667.

[47] MOHAMED A, SHAW-SUTTON J, GREEN B M, et al. Soft manipulator robot for selective tomato harvesting [C] //Precision agriculture '19. Montpellier, France. The Netherlands: Wageningen Academic Publishers, 2019: 799-805.

[48] CHEN S, PANG Y K, CAO Y, et al. Soft robotic manipulation system capable of stiffness variation and dexterous operation for safe human-machine interactions [J]. Advanced Materials Technologies, 2021, 6 (5) [2024-06-08]. https://doi. org/10. 1002/admt. 202100084.

[49] KAMTIKAR S, MARRI S, WALT B T, et al. Towards autonomous berry harvesting using visual servoing of soft Continuum Arm: AAAI 2022 Workshop AIAFS [C], 2022.

[50] GRIMSTAD L, FROM P J. Thorvald II-a modular and re-configurable agricultural robot [J]. IFAC-PapersOnLine, 2017, 50 (1): 4588-4593.

[51] OBERTI R, MARCHI M, TIRELLI P, et al. Selective spraying of grapevines for disease control using a modular agricultural robot [J]. Biosystems Engineering, 2016, 146: 203-215.

[52] Levin M, Degani A. A conceptual framework and optimization for a task-based modular harvesting manipulator [J]. Computers and Electronics in Agriculture, 2019, 166: 104987.

[53] Zhao S Y, Liu J Z, Wu S. Multiple disease detection method for greenhouse-cultivated strawberry based on multiscale feature fusion faster R_ CNN [J]. Computers and Electronics in Agriculture, 2022, 199: 107176.

[54] Zhao S Y, Liu J Z, Bai Z C, et al. Crop pest recognition in real agricultural environment using convolutional neural networks by a parallel attention mechanism [J]. Frontiers in plant science, 2022, 13: 839572.

[55] 赵升焱. 全自主单株抽样式草莓病虫害巡检机器人关键技术研究 [D]. 镇江: 江苏大学, 2023.

[56] Peng Y, Wang A C, Liu J Z, et al. A comparative study of semantic

segmentation models for identification of grape with different varieties ［J］. Agriculture, 2021, 11 （10）: 997.

［57］彭赟. 棚架葡萄采摘机器人的多品种通用视觉方法研究 ［D］. 镇江: 江苏大学, 2022.

［58］JIANG Y X, LIU J Z, WANG J, et al. Development of a dual-arm rapid grape-harvesting robot for horizontal trellis cultivation ［J］. Frontiers in plant science, 2022, 13: 881904.

［59］周童. 高垄双行草莓穴盘苗全自动移栽机的研发与试验 ［D］. 镇江: 江苏大学, 2019.

［60］王江山, 刘继展, 赵升燚, 等. 高架草莓摆动式小型施药机设计与试验 ［J］. 农机化研究, 2020, 42 （11）: 155-161.

［61］王江山. 温室高架草莓侧倾微风送施药机设计与试验 ［D］. 镇江: 江苏大学, 2019.